中国公益
国际化发展报告

雷蔚真　主编

五洲传播出版社

图书在版编目（CIP）数据

中国公益国际化发展报告 / 雷蔚真主编 . —北京 ：五洲传播出版社，2021.6
ISBN 978-7-5085-4684-1

I. ①中… II. ①雷… III. ①慈善事业－国际化－发展－研究报告－中国 IV. ① D632.1

中国版本图书馆 CIP 数据核字（2021）第 101971 号

中国公益国际化发展报告

主　　编／雷蔚真
责任编辑／黄金敏　秦慧敏
设计制作／北京原色印象文化艺术中心
出版发行／五洲传播出版社
地　　址／北京市海淀区北三环中路 31 号生产力大楼 B 座 6 层
邮　　编／ 100088
发行电话／ 010-82005927, 010-82007837
网　　址／ http://www.cicc.org.cn　http://www.thatsbooks.com
印　　刷／北京市房山腾龙印刷厂
印　　次／ 2022 年 1 月第 1 次印刷
开　　本／ 787x1092mm　1/16
印　　张／ 13.25
字　　数／ 126 千字
定　　价／ 46.00 元

目　录

公益国际化助力公共外交（序）

伴随全球化和网络化的发展，各国人民之间的交流日趋频繁和深入。在此背景下，公共外交理念被大众接受，丰富的公共外交实践增进了种族、文化间的理解。

公益组织已经成为国际合作和全球治理的新兴力量，国际学术界也逐渐重视公益慈善事业在公共外交中扮演的重要角色*。公益组织数量众多、宗旨各异、分布广泛，活动涉及社会生活的各个领域，且具备中立性、慈善性和灵活性等特点。跟政府相比，公益机构更容易获得外国民众的认同和好感，更能潜移默化地帮助本国阐释外交理念、传播价值观、影响对象国的民众舆论，进而影响两国关系。同时，有些公益组织本身兼具智库角色，他们总结自己的一线实践经验，为本国外交政策的形成提供参考。

公益组织也是我国开展公共外交的重要成员，他们通过公益项目搭建各方友好沟通的桥梁，促进民心相通。在“一带一路”背景下，我国的公益组织积极“走出去”，参与全球事务，为提升中国国家形象做出了贡献。

---

* Viktoriia Ivanchenko. (2016). “NGO Public Diplomacy As An Instrument Of Global “Soft Power” Competition”. *The Journal of International Issues*, 20 (3), 10-15.
Yadira Ixchel Martínez Pantoja. (2018). “How Do Non-state Aactors Enhance PD?” https://uscpublicdiplomacy.org/blog/how-do-non-state-actors-enhance-pd

从哲学、文化、思想、观念综合来看，中国可以说是全球慈善文化历史最悠久、传承最丰富完整的国家之一。中华民族乐善好施，儒释道各家都推崇慈善理念。无论是从“达则兼济天下”的中华民族文化传统出发，还是从构建人类命运共同体理念出发，走出国门的中国公益组织都发挥着越来越重要的特殊作用。原国务院新闻办主任、中国人民大学公共外交研究院院长赵启正先生曾在一次国际论坛上生动地妙喻：“人有人缘，国有国缘。作为一个人来说，大家喜欢你，愿意和你相处，你便获得了一个温暖的环境。国家也是如此，如果我们国缘好，我们当然就立于世界，朋友遍天下。”相同类比，公益组织通过优异的表现也在积累其“组织缘”，而这份“组织缘”背后的知名度、美誉度和认同度赋予了公益组织参与缓和国际危机的可能性。

本书汇集了我国公益组织国际化的一批前沿案例，通过这些案例，读者可以了解到中国在过去三十年当中做了哪些海外公益项目，通过这些善行，公益组织客观上努力提升了“负责任大国”的中国国家形象。随着中国国家实力的不断增强，越来越多的本土公益组织走向国际，公益事业作为我国公共外交的重要力量将发挥更大作用。

雷蔚真

中国人民大学公共外交研究院副院长

2019 中国公益国际化概述

黄浩明
深圳国际公益学院副院长、教授，
中国国际民间组织合作促进会名誉理事长

一、中国公益组织国际化的背景

1978 年，中共十一届三中全会提出“对外开放”政策，并成为中国的一项基本国策。随着美国福特基金会、日本国际交流基金、德国阿登纳基金会和赛德尔基金会等一批国际民间组织代表团相继访华，受到国家领导人的接见，中国公益慈善事业乘着改革开放的春风复苏发展，其国际交流合作也逐步展开。20 世纪 80 年代起，个别外国基金会受邀来华开展工作，中国也引进欧美的“基金会”这一组织形态为社会建设筹集资金。90 年代，中国将“联合国第四次世界妇女大会”请进来，使得非政府组织（NGO）这一术语得以推广；中国基金会代表团第一次组团“走出去”考察学习，并将“信誉是公益组织生命线”的理念带回来践行。21 世纪初，社会各界为印度洋海啸募集近 7 亿元款物，开启中国民间捐助国际灾难的先河；中美慈善家联合出资在中国创建全球第一家有独立法人身份的公益慈善教育机构——深圳国际公益学院。40 年来，“请进来”和“走出去”，中国公益国际交流合作业务的双重变奏，为徘徊在十字路口的全球化带来了别样的乐章。

2015 年 12 月，中央办公厅、国务院办公厅印发《关于促进社会组织参与国际非政府组织活动的通知》，形成 7 家部委牵头、36 家部委和大型国企参与的工作机制；2016 年 8 月，中办、国办印发《关于改革社会组织管理制度促进社会组织健康有序发展的意见》，鼓励中国社会组织走出去。2016 年以来，随着《中华人民共和国慈善法》和《中华人民共和国境外非政府组织境内活动管理法》的通过和先后实施，中国的慈善事业正式迈入法制化轨道，境外非政府组织参与中国的经济和社会事务终于有法可依。中共十八大提出要激活社会组织活力，2013 年 9 月，习近平主席访问哈萨克斯坦时，提出建立丝绸之路经济带的倡议，在同年 10 月访问印尼及东盟国家时，提出建设 21 世纪海上丝绸之路的倡议，即“一带一路”的倡议。中国慈善国际化的步伐明显加快，中国公益组织在参与民心相通的过程中彰显优势，也开始了公益组织“走出去”的新征程，中国经验在世界各国和地区的分享也获得了越来越多的认可。

二、2019 年中国公益组织国际化的十大亮点

2019 年，是中国慈善事业国际化成果颇丰的一年。中国慈善事业进入一个新的发展阶段，作为民间外交的慈善国际交流合作业务也呈现出新局面。回顾 2019 年这些可圈可点的案例，本报告提炼出十大亮点以供分析。

（一）中国公益组织发展战略：将联合国可持续发展目标变成行动

2015 年，中国承诺加入《联合国 2030 年可持续发展议程》，并致力于可持续发展目标在全球的实现。2030 年议程包含 17 个可持续发展目标（Sustainable Development Goals，SDGs）。该目标用以指导未来 15 年发展工作的政策制定和资金使用，并作出彻底消除贫困的历史性承诺。

中国一直高度重视落实《联合国 2030 年可持续发展议程》，并率先发布国别方案及进展报告。2019 年 10 月，中国发布第二份进展报告《中国落实 2030 年可持续发展议程进展报告（2019）》[1]，回顾了中国全面落实 2030 年议程取得的进展，对下一步工作提出规划和目标，分享了中国落实 2030 年议程经典案例，并希望为加速全球落实进程提供有益借鉴。报告指出，中国加快推进 2030 年议程国内落实，在多个可持续发展目标上实现"早期收获"。

中国在此过程中收获的成果与三大部门的积极参与和推动密切相关。在第三部门[2]，2030 年可持续发展议程逐步融入中国公益组织的发展战略，17 个可持续发展目标成为公益组织设计、参与和评估项目的重要指标，也是参与国际交流时使用越来越频繁的话语体系。2017 年 1 月，联合国开发计划署（UNDP）与中国基金会中心

1 新华网，2019年9月25日，http://www.xinhuanet.com/world/2019-09/25/c_1210292253.htm.

2 第三部门是介于第一部门（政府）和第二部门（企业）之间，依靠会员缴纳的会费、民间捐款或政府拨款等非营利性收入，从事社会公益事业的社会公共部门。

网联合开发数据平台，双方达成“慈善与可持续发展——中国行动”[3]的合作，用于全面捕捉和理解中国基金会具体支持落实可持续发展目标的现状。研究显示，从基金会数量来看，中国基金会的工作已涵盖全部 17 个可持续发展目标，且超过 80% 的中国基金会工作涉及可持续发展目标，这其中 66% 关注目标 4 优质教育、59% 关注目标 1 无贫穷、52% 关注目标 11 可持续城市和社区。从公益项目支出来看，31% 投入到目标 4 优质教育、26% 投入到目标 1 无贫穷、16% 投入到目标 3 良好健康与福祉。中国基金会与可持续发展目标相关的公益项目支出达到 2847 亿元。

中国公益组织的积极参与也获得了国际社会的关注与肯定。2019 年 7 月，第 68 届联合国公益组织大会预备会议在成都成功召开，主题为“人道与公益：青年力量与可持续发展”。分议题包括“教育创新助力精准扶贫”“女性机遇与包容性社群”“人道主义与共同未来”和“社会创新中的青年担当”。来自国内和国际人道与公益方面 100 余名与会代表参加会议，在大会主题下共同探讨公益组织在推进实现 2030 联合国可持续发展目标中的独特作用。与会代表共同起草了《第 68 届联合国公益组织大会（四川成都）预备会议公益宣言》，为第 68 届联合国公益组织大会宣言以及实现可持续发展目标贡献力量[4]。

3 联合国开发计划署，2017年9月4日，https://www.cn.undp.org/content/china/zh/home/library/poverty/philanthropy-for-sustainable-development-in-china.html.

4 中国新闻网，2019年7月19日，http://www.sc.chinanews.com/bwbd/2019-07-19/109197.htm.

（二）中国公益组织参与全球治理的意识得到提升

参与国际性会议早已成为国际上第三部门开展跨国交流合作的一个重要形式。过去，由于专业能力、资金、语言障碍等因素，中国公益组织更多聚焦于解决国内的社会问题，对全球治理议题的关注度较低。随着中国对外开放程度提升和第三部门发展，越来越多中国公益组织开始意识到参与全球治理的责任所在，而在国际会议的舞台上亮相和发声，是用行动参与并影响全球治理议题的有效方式。

各国政府、政府间国际组织、跨国企业、民间社会组织是参与全球治理的主要行为体。2016 年 7 月 5 日，习近平主席给二十国集团民间社会（C20）会议的贺信中指出，“民间社会组织是各国民众参与公共事务、推动经济社会发展的重要力量”[5]。

整体来看，主动申请获得联合国咨商地位的中国非政府组织数量持续增加。截至 2019 年 11 月，联合国社会组织综合服务系统数据显示，全世界共有 5451 家社会组织拥有联合国经济和社会理事会咨商地位，而中国（包括港澳台地区）拥有咨商地位的机构数量为 72 家，创历史新高。大多数组织获得的是特别咨商地位，在“十二五”期间获得联合国咨商地位的中国公益组织共 23 家，仅 2019 年就有 10 家，是历史上单一年度获得该资格组织数量最多的一年。通过申请联合国经社理事会咨商地位，中国非政府组

5 新华网，2016年7月5日，http://www.xinhuanet.com/politics/2016-07/05/c_1119168347.htm.

织可以更加深入地参与联合国事务，加强国际化能力建设，提升中国公共外交能力。

在气候变化领域，中国公益组织的参与尤为积极。成立于2007年的中国国际民间组织合作促进会下的中国民间气候变化行动网络（CCAN）一直积极参与国际民间组织对气候变化相关问题的讨论。截至2019年12月，CCAN（Chesapeake Climate Action Network）共有成员机构33家，活跃在包括联合国气候变化大会、联合国秘书长气候行动峰会等国际场合。CCAN自2015年起，每年组织成员机构撰写民间立场书，并在联合国气候大会期间递交给联合国气候变化框架公约秘书处，中国公益组织的声音得以被听见。

作为重要的第三方力量，环保民间公益组织利用其非官方性、非营利性的特点，从民间角度灵活地参与国际环境事务，开展国际交流与合作。环保民间公益组织参加国际会议、提供环保政策建议、加入知名国际组织是开展环境国际合作的重要方式。在联合国气候变化大会、亚洲清洁能源论坛等国际会议上，中国环保民间公益组织也参与其中。

此外，在减贫、儿童权利等领域，中国公益组织多次通过在联合国举办边会的形式参与。2017年6月，在联合国人权理事会第35次会议期间，由中国民间国际交流促进会与中国扶贫基金会共同举办的"减贫促进人权"主题边会在联合国总部举办，这是中国民间公益组织首次举办该主题会议。2019年9月，在联合国人权理事会第42次会议期间，北京青少年法律援助与研究中心举办"儿童法与儿童权利公约"主题边会，会上就儿童保护立法发展问题与有关国际专家进行讨论，并详细介绍了中国在这方面所取得的成就[6]。

（三）多家基金会参与“一带一路”中的民心相通工程

民心相通是“一带一路”建设中“五通”的重要内容之一，意义重大，而公益组织在促进民心相通中的作用不可忽视。公益组织一方面可以发挥政府与民间社会的桥梁纽带作用，是沿线国家政府间合作的重要补充；同时公益组织也可以和企业形成合力，协助建设项目的顺利实施。

率先走出国门，在海外开展公益项目、甚至开设办公室的，是以中国扶贫基金会、中国红十字基金会、爱德基金会为代表的头部基金会。它们为中国公益组织“走出去”提供了学习蓝本，形成了示范效应，有效助力“一带一路”民心相通工程。

中国扶贫基金会在“一带一路”框架下开展了包括消除贫困、零饥饿、优质教育、健康福祉、清洁饮水和体面工作等行动。截至2018 年底，基金会累计向海外投入资金和物资超过 1.62 亿元，惠及 20 多个国家和地区约 45 万人次，并在埃塞俄比亚、苏丹、乌干达、缅甸、尼泊尔、柬埔寨等“一带一路”沿线国家开展长期发展援助项目。2019 年 9 月，中国扶贫基金会在埃塞俄比亚正式注册，这是继缅甸、尼泊尔之后，中国扶贫基金会在海外正式注册的第三个国

6　深圳国际公益学院：《从行动到影响，中国慈善国际交流合作十大进展》，http://www.chinadevelopmentbrief.org.cn/news-23612.html.

别办公室，受到了当地政府、社区的广泛支持，为中国扶贫基金会今后在非洲开展公益项目提供了便利[7]。

扶贫基金会在缅甸落地的第一个项目“胞波助学金”，借鉴了在国内实施了十余年的“新长城特困大学生自强项目”，时逢项目开展4周年，累计有13所高校1300名缅甸贫困大学生受资助。扶贫基金会的另外一个明星项目——“爱心包裹”也于2018年初开始进行国际化尝试，与阿里巴巴公益合作，拓展成为国际“爱心包裹”项目，提高合作伙伴国家有需求的小学生的基本学习条件[8]。

爱德基金会已有30多年国际合作的实践经验，项目包括社区发展与环境保护、公共卫生与艾滋病防治、社会福利、社会企业等领域。2019年3月，爱德基金会与联合国难民事务高级专员署（UNHCR）签订合作备忘录。双方未来将共同致力于维护难民和其他流离失所者应有权利和权益，进一步推动世界范围内人道主义救援事业的发展[9]。4月，爱德基金会与埃塞俄比亚投资局正式签署了《爱德投资埃塞社会企业合作备忘录》，埃塞俄比亚总理阿比伊（AbiyAhamed）亲临签字仪式现场[10]。7月，为支持流离失所女童返回校园，由爱德基金会发起的“点亮战地女孩上学梦”项目正式在腾讯公益平台上

---

7 中国扶贫基金会，2019年9月23日，http://www.chinadevelopmentbrief.org.cn/news-23309.html.

8 深圳国际公益学院：《从行动到影响，中国慈善国际交流合作十大进展》，http://www.chinadevelopmentbrief.org.cn/news-23612.html.

9 联合国难民署，2019年3月8日，https://www.unhcr.org/cn/13069-联合国难民署与爱德基金会签署合作备忘录.html.

10 爱德基金会，2019年4月30日，http://www.amity.org.cn/index.php?m=Home&c=News&a=view&id=532.

线发布，作为联合国难民署全球教育项目（Educate a Child）的一部分。8 月，爱德基金会在肯尼亚首都内罗毕成立了爱德肯尼亚办公室和爱德印刷肯尼亚办事处，采用双轮驱动，成效明显。

中国红十字基金会的国际行动主要通过丝路博爱基金开展。基金于 2017 年成立，致力于优化"一带一路"沿线国家人道服务供给，对沿线有迫切人道需求的人群进行人道救助，重点项目包括中巴急救走廊、天使之旅"一带一路"大病患儿人道救助计划、"博爱单车"全球志愿服务行动、中国社会组织联合援非行动、中孟博爱血液透析中心、武装冲突地区国际人道救助计划等，足迹遍布全球。

其中，"中巴急救走廊"项目列入第二届"一带一路"国际合作高峰论坛成果清单[11]。在天使之旅"一带一路"大病患儿人道救助计划中，中国红十字援外医疗队先后 8 次前往阿富汗、蒙古国开展救助工作，已为 450 名先心病患儿、204 名白内障患者提供免费手术治疗[12]。截至目前，"博爱单车"全球志愿服务行动共向马来西亚、蒙古、巴基斯坦、印度尼西亚、缅甸、越南、吉尔吉斯斯坦、塔吉克斯坦、朝鲜、阿富汗等 11 个国家配送博爱单车 3775 辆[13]。中国红十字会另有中国公益组织联合援非行动、中孟博爱血液透析中心等，在参与国际人道主义救援、开展民间外交中发挥着不可替代的作用，是践行人类命运共同体精神、促进"一带一路"民心相

11 新华网，2019年4月28日，http://www.xinhuanet.com/world/2019-04/28/c_1124425293.htm.

12 人民网，2019年6月25日，http://world.people.com.cn/n1/2019/0625/c1002-31187571.html.

13 环球网，2019年11月18日，https://hope.huanqiu.com/article/9CaKrnKnQAE.

通的重要力量。

中国社会福利基金会在叙利亚建厂参与“一带一路”儿童救助项目。“一带一路，展翼同行”是为“一带一路”国家战后肢残儿童捐助义肢的活动，截至2019年4月，已经有46个叙利亚肢残儿童得到了救助，项目还在叙利亚建设了假肢中心，下一步还将在叙利亚建设三个康复中心[14]。

在头部基金会的带领下，民间公益组织“走出去”逐步形成“由点到面”的发展态势。2017年，丝绸之路沿线民间公益组织合作网络由中国民间组织国际交流促进会倡议成立，拥有中、外方成员组织300余家，覆盖60多个国家。合作网络的主要任务是打造信息和协调行动共享平台、合作开展民生项目、参与并支持“一带一路”建设，目前已成功举办两届论坛。2019年4月，合作网络正式启动“丝路一家亲”行动，计划在未来两年内推动“一带一路”沿线国家的民间公益组织建立500对合作伙伴关系，在沿线发展中国家开展200项民生项目。这一举动将推动“一带一路”沿线公益组织之间的广泛合作，目前已在印尼、罗马尼亚和坦桑尼亚等地开展系列活动。

民间公益组织以其中立、灵活、专业、创新等特征，在“一带一路”建设中发挥着独特的作用。与政府和企业相比，民间公益组织能够更深入地融入当地社区，通过开展公益项目，能够更好地带动当地社会发展、惠及百姓生活。民间公益组织的“民心相通”工作，能够促进树立中国国际形象，以及为中国企业海外发展架桥铺路。

14 新华丝路，2019年4月26日，https://www.imsilkroad.com/news/p/362585.html.

（四）公益慈善合作首次列入由中外首脑见证签约项目

2019 年 3 月 21 日至 24 日，应意大利共和国总统马塔雷拉邀请，中华人民共和国主席习近平对意大利进行国事访问，两国领导人在罗马共同见证签署和交换中意关于共同推进“一带一路”建设的谅解备忘录、关于中国流失文物返还等双边合作文件。

2019 年 3 月 23 日，由深圳国际公益学院、中国发展研究基金会与意大利都灵大学中国研究中心三方共同发起的“中意慈善论坛”正式成立。在中意两国领导人的见证下，合作三方共同签署了《关于设立中意慈善论坛的谅解备忘录》[15]。该备忘录是本次两国领导人见证下 19 个合作签约项目中唯一一个来自慈善领域的合作，是中意慈善活动与国家领导人交流活动的首次连接，也是两国有史以来最高级别的慈善交流活动。这也足见其在推动两国关系上的重要性，同时也意味着慈善在国际交流层面的影响力日益增加。

中意慈善论坛由欧盟委员会前主席、意大利前总理罗马诺·普罗迪与深圳国际公益学院董事会主席马蔚华担任联合荣誉主席，意大利都灵大学中国研究中心主任欧阳乔与深圳国际公益学院创始院长王振耀担任联合创始秘书长。中意慈善论坛东西方高层峰会是中意双方在人文交流层面的一项重要举措，旨在积极响应“一带一路”倡议，以公益慈善为出发点，促进中意两国民间交流与学习，建立两国间公益慈善领域的长期友好合作关系，并以慈善联合行动为中

---

15 深圳国际公益学院，2019年4月3日，http://www.cgpi.org.cn/content/details42_9092.html.

意建交 50 周年献礼。峰会还将依托东西方慈善论坛平台，拓展东西方慈善合作新领域。

（五）民间大额捐赠者慈善行为逐渐具有国际视野

近年来，随着国内经济的快速发展、人们生活水平的提高、公益慈善意识的觉醒，相关政策的鼓励和支持，社会捐赠快速提升。率先富起来的企业家开始回馈社会，思考如何通过慈善捐赠帮助解决社会发展面临的重大问题。

近年来，中国大额捐赠行为更具全球视野。截至 2019 年 11 月，中国内地已有牛根生、董方军、游忠惠、刘道明四位慈善家加入了比尔和梅琳达·盖茨夫妇与巴菲特发起的捐赠誓言（The Giving Pledge）倡议。在捐赠去向选择方面，国内的大额捐赠主要面向儿童、教育、扶贫等方面。海外大额捐赠方面，支持国外高校和科研机构的学术研究、国际议题逐渐赢得更多中国慈善家的青睐。从捐赠领域来看，中国慈善家关注世界发展趋势，捐赠行为涵盖环境保护、教育、贫困、绿色科技、脑科学等传统和前沿领域研究，为促进学术文化无国界交流更加顺畅，同时扩大影响力，保障公益行为的不断规范化作出了重要贡献。

用于支持国际议题方面的大额捐赠，环保和教育议题项目较有代表性。大自然保护协会（TNC）大中华理事会在 2011 年自主发起提供资助的中国全球保护基金（China Global Conservation Fund, CGCF），致力于解决全球性生态保护问题，创造中国“慈善走出去”和倡导 TNC“保护无国界”理念，资助对象为中国以外的 TNC 全球优先保护项目。项目已进行两期，共支持 26 个项目，项目点遍布亚洲、大洋洲、北美洲、南美洲、非洲五大洲。

2019 年，“一丹奖”在国际上产生重大反响，成为全球最大的教育单项奖。2019 年在“一丹奖”评选中获得提名的项目遍及全球 129 个国家和地区，由评审委员会历时 6 个月选出两名获奖者[16]。该奖项由腾讯创始人之一陈一丹于 2016 年创立，旨在表彰及支持推动教育创新、所作贡献具长远影响的个人或团队，奖项由 25 亿港元的独立慈善信托运作及管理。“一丹奖”每年度颁发“一丹教育研究奖”及“一丹教育发展奖”两大奖项，各奖项得奖人将被授予 3000 万港元奖励（约 380 万美元），其中 1500 万港元为奖金（约 190 万美元），剩余 1500 万港元基金会将根据创效投资的原则，于三年分三期发放给得奖者以资助其研究或推动项目。

（六）民间公益经验走向世界成果获得国际认可

恩派“公益孵化器”模式的研究结果于 2019 年在国际权威学术期刊非营利组织与志愿部门季刊（NVSQ）上发表。文章分析了恩派在其长达 6 年的发展阶段中（截至成文时）所构建组织网络的发展演变过程，并阐释公益孵化器如何在新兴的公民社会中有力地弥合结构性漏洞并建立跨部门联合网络。截至 2019 年，恩派“公益孵化器”以及相关公益支持业务部门，已累计孵化支持超过 3000 家各类公益组织，其中既有“非营利组织”，亦有“社会企业”[17]。

---

16 深圳国际公益学院：《从行动到影响，中国慈善国际交流合作十大进展》，http://www.chinadevelopmentbrief.org.cn/news-23612.html.

17 中国发展简报，2019年9月4日，http://www.chinadevelopmentbrief.org.cn/news-23236.html.

继2018年浙江省“久久为功”十五载践行的“千村示范、万村整治”工程获得联合国环境规划署颁发的“地球卫士奖”激励与行动类别奖项后，2019年9月27日，支付宝蚂蚁森林也获此殊荣。除此之外，蚂蚁森林也荣获了联合国气候变化大会（UNFCCC）秘书处应对气候变化奖项“灯塔奖”。从2018年开始，阿里巴巴生态脱贫小组依托蚂蚁森林平台，通过“公益保护地”和“生态经济林”两种模式，助力地方实现可持续、可参与、可借鉴的脱贫致富[18]。

中国的“绿色治理”方案正在走出国门。2019年6月，菲律宾规模最大的“电子钱包”GCash推出了菲律宾版“蚂蚁森林”，鼓励国民参与环保和植树造林。这也是中国企业数字技术公益模式首次出海。

我国公益界的出色个人也获得世界认可。2019年，郭建梅获得“诺贝尔替代奖”，截至目前，共有70个国家的174人被授予该奖项。马蔚华获得意大利圣马尔蒂诺盾卓越贡献奖，是首位获得这一殊荣的中国人。

（七）人道主义救援体系的防灾减灾经验走向全球

自2008年汶川地震以来，中国公益组织参与国内灾害救援贡献越来越突出，并逐渐走出国门，开展国际救援，参与国际防灾减

18 联合国环境规划署，2019年9月19日，https://www.unenvironment.org/zh-hans/xinwenyuziyuan/xinwengao/zhongguomayisenlinxiangmuronghuolianheguodeqiuweishijiang.

灾救灾的交流，在学习国际救灾工作机制的同时，发出中国声音，分享中国经验。中国已逐渐成长为国际上重要的人道主义援助力量。中国公益组织的对外人道主义援助迅速增长，促进了中国在该领域的平行经验向其他国家，特别是广大的发展中国家有效传递，推动与所救援国家的民心相通，推动中国公益组织的国际化发展和自身能力建设的提高。

在行动方面，2016 年 4 月 17 日，厄瓜多尔发生 7.8 级地震，中国公益组织迅速驰援。中国红十字会受中国政府委派，派出赈济救援队赴厄，发放政府援厄的 6000 万元物资，并进行设备安排和培训。中国扶贫基金会、爱德基金会、壹基金、明珠救援队和浙江公羊会等公益组织，在当地中资企业和侨团侨胞、当地政府和联合国救灾体系的协作下，开展灾情排除评估、医疗服务、环境消杀、物资援助、过渡安置等救援工作，更深入地融于国际救灾协作框架。这是继 2015 年参与尼泊尔救灾后，中国公益组织第二次较大规模地开展国际救灾。

此后，中国公益组织也积极响应国际灾害救援，涉及拉丁美洲、亚洲、非洲。2016 年 10 月，中国扶贫基金会派出人道救援工作组支援海地，应对飓风“马修”。工作组联合当地志愿者，开展灾情排查、医疗巡诊、物资发放等一系列针对灾区需求的救援工作。2017 年，爱德基金会在香港政府的资助下，在斯里兰卡开展赈济和医疗救护工作，助力灾后恢复。2017 年，爱德基金会在埃塞俄比亚启动援非“活水行”赈灾项目，帮助当地受灾民众抗击旱灾，缓解当地遭遇旱灾后出现的最迫切的水资源匮乏及卫生安全问题。

在国际经验交流方面，中外公益力量在减灾救灾议题上的对话与互动日益频繁、深入。2018 年 5 月 13 日，在“汶川地震十周年国际研讨会”上，来自中国、美国、日本、巴基斯坦、澳大利亚、菲律宾、新加坡等国公益组织以及北京师范大学、四川大学等学界代表，共同就救灾、减灾、应急管理、志愿者响应等议题分享经验，探讨挑战与应对策略[19]。2019 年 5 月，应急管理部副部长付建华应联合国减灾办公室和瑞士政府邀请，率领中国代表团参加在瑞士日内瓦召开的第六届全球减灾平台大会，分享中国在防灾减灾救灾机制改革、灾害风险管理、减贫国际合作等方面的有益经验。中国公益组织也派出代表随团参加研讨。

2019年3月，爱德基金会与联合国难民事务高级专员署（UNHCR）签订合作备忘录，正式开启双方的合作关系。双方一致同意资源共享，优势互补，进一步推动世界范围内的人道主义救援事业的发展。考虑到妇女和儿童在被迫流离失所时所身处的脆弱地位，合作将优先为这些群体提供援助。

红十字国际学院于 2019 年 9 月在江苏苏州挂牌成立，由中国红十字会和苏州大学联合创办，这也标志着中国人道主义救援从经验积累向知识体系建构的转变。学院成立后，将设立红十字运动、国际人道法、“一带一路”国际交流合作、南丁格尔救护、人道资源动员与文化传播、应急管理与备灾救灾等六个研究中心[20]。红十字国际学院的成立，不仅为中国红十字事业发展注入新的动力，还将

19 中国地震局，2018年5月12-14日，https://www.cea.gov.cn/cea/xwzx/zyzt/3404509/index.html.

20 人民网，2019年9月2日，http://paper.people.com.cn/rmrbhwb/html/2019-09/03/content_1944477.htm.

为全球人道事业发展提供平台、智慧和方案。

2019 年 10 月，为推动中国社会力量更有效地参与国际紧急援助等人道主义危机解决，提升自身的能力，开展领域内的国际交流和合作，更好地“走出去”，推动共建“一带一路”高质量发展，构建人类命运共同体服务体系，六家参与国际人道主义救援的公益组织——中国国际民间组织合作促进会、爱德基金会、深圳壹基金公益基金会、北师大风险治理创新研究中心、北京平澜公益基金会等联合倡议，筹建“中国国际人道主义援助社会力量行动网络”[21]。2018 年成立的北京平澜公益基金会也积极走向国际化，开展国际援助等相关活动，目前已在全球 14 个国家推动人道主义危机与环境危机应对的有关项目[22]。在“南南合作”和“一带一路”的历史机遇下，慈善力量更要进一步加强与国际主体在防灾减灾救灾领域的合作，推动我国慈善事业走向国际化。

（八）公益组织积极推动文化体育的国际交流

文化体育的交流与传播是国际交流合作的有机组成部分。无论是作为目的还是手段，文化体育方面的跨国交流合作活动在公益领域日趋频繁。

在文化方面，2013 年，北京师范大学教育基金会成立“会林文

---

21 中国国际民间组织合作促进会，2019年10月23日，http://www.cango.org/showInfo.aspx?id=922.

22 中国发展简报，2020年2月20日，http://www.chinadevelopmentbrief.org.cn/news-23876.html.

化基金”用于支持北京师范大学中国文化国际传播研究院的多项中国文化国际传播项目。基金自 2015 年起设立国际性学院奖“会林文化奖”，以表彰为中国文化国际传播作出突出贡献的中外人士，目前已有 10 位获奖者及 2 位特殊贡献奖获得者。获奖者来自瑞典、美国、法国、加拿大、中国，分别在中国儒家哲学、文化、社会政治、语言、比较文学、艺术等领域为中国国际传播作出贡献，较为全面地向国际社会讲述中国的文化精髓。

此外，还有“看中国·中外青年影像计划”，旨在通过外国青年电影人的独特视角，展现中国的质朴与繁华、古老与时尚，从而提升中国文化的国际影响力和吸引力，加强中外青年之间的跨文化沟通、交流与合作。2011 至 2018 年间，项目共约请到来自 55 个国家的 508 名外国青年，落地中国 24 个省（区、市），完成 507 部短片，共获 100 余项国际性奖项，在国内外获得广泛影响力，成为彰显中国文化的品牌项目[23]。2019 年，“看中国·中外青年影像计划”获得由人民日报和人民网联合举办的第二届中国机构海外传播杰出案例——海帆奖。这项活动为中外青年架设起了一座充满活力与希望的友谊之桥，通过外国青年的短视频作品向世界展现了精彩纷呈的中国文化。

在体育慈善方面，姚基金慈善赛已经成为中国影响力最大的体育慈善品牌，也是中外体育明星助力公益的典范案例。慈善赛始于 2007 年，由姚明携手前 NBA 球星史蒂夫·纳什创办，每届慈善赛

23 人民网，2019年4月10日，http://edu.people.com.cn/n1/2019/0410/c1053-31022423.html.

都会邀请中美两国篮球明星分别组成队伍进行对抗。除正赛外，同期举办学校探访、篮球嘉年华、公益论坛、慈善晚宴等活动，联动当地政府、社区、企业和学校，取得了巨大的社会影响力和公益效应。截至 2019 年，姚基金慈善赛已累计有包括托尼·帕克、文斯·卡特、凯文·乐福、易建联、王哲林在内的约 160 名中美篮球职业运动员参与，以及各界精英助阵支持[24]。

（九）国内小型公益组织正在成为“走出去”新生力量

我国公益组织的国际化迎来了一个崭新的发展时期，越来越多的公益组织有意愿也有能力“走出去”，尤其是小型公益组织乘着“一带一路”的东风，进行了许多有益的探索。

2019 年 3 月，北京平澜公益基金会启动中国公益组织援柬扫雷行动。柬埔寨地雷行动与救助受害者机构（CMAA）以共同开发有效和可持续的农业开发项目为目标，并致力于当地排雷行动，清除内战遗留地雷，以营造适合地方可持续性发展的环境。这是中国民间社会组织首次计划通过农业发展改善当地人民生活条件，呼应了创造地区和平发展的主题[25]。

2019 年 4 月，昆明云迪行为与健康研究中心在柬埔寨金边挂牌成立。[26]该组织是首家在柬埔寨内政部和外交部登记注册获得认证

---

24 深圳国际公益学院：《从行动到影响，中国慈善国际交流合作十大进展》，http://www.chinadevelopmentbrief.org.cn/news-23612.html.

25 平澜公益，2020年2月27日，http://www.peaceland.org.cn/index/details/id/282.html.

26 刘红春：《社会组织“走出去”参与人权治理的贡献、经验与风险防控》，《人权》，2020（1）.

并许可在柬埔寨开展活动的中国公益组织。2019年，云迪相继在柬埔寨、缅甸、老挝开展先心病儿童救助项目25个。

2019年7月，西藏善缘基金会与尼泊尔公益组织合作开展了支持尼泊尔青年就业技能第三期培训项目，该项目为20名来自尼不同地区的青年提供为期6个月的计算机与中文培训。

2019年8月30日，云南民间国际友好交流基金会在缅甸仰光迪德谷瑞比罕医院举行“光明行”活动。“光明行”活动旨在为缅甸失去视力的白内障患者恢复视力。近年来，已有十多家中国医疗和慈善机构在缅甸累计开展27次“光明行”义诊活动，为缅甸近6000名患者成功实施白内障手术[27]。

2019年9月，云南国际民间组织合作促进会在缅甸开展“一寺庙一电视”项目，向当地寺庙学校捐赠电视设备，并为其购买3年SKYNET卫星电视收视费，使寺庙内的僧侣及儿童通过电视接收更多外界信息，丰富其精神生活，提高生活质量。

2019年12月，四川海惠联合泰国相关公益组织举办清迈高峰论坛，论坛举办地就是四川海惠2018年在泰国清迈启动的海惠“一带一路”国际公益园。

2019年，甘肃彩虹公益社在尼泊尔开展了彩虹学校、孤儿支持、困境儿童助学支持、青年发展等项目。此前，彩虹公益社于2017年在尼泊尔注册了本地机构——尼泊尔彩虹。

27 中华人民共和国驻缅甸联邦共和国大使馆，2019年9月2日，http://mm.china-embassy.org/chn/sgxw/t1693642.htm.

（十）国内多个支持公益组织“走出去”平台计划启动

民间公益组织国际化还需要统一、多层次的网络和平台的支持。目前，我国政府、企业、公益组织间的合作平台和公益组织之间的各类合作交流平台建设都进入了积极探索的阶段。

2019年9月，中国民间组织国际交流促进会在云南昆明举办“地方社会组织‘走出去’能力建设培训班”。70家来自广西、重庆、四川、贵州、云南、陕西、甘肃、新疆等省（区、市）的地方性和部分全国性公益组织的80名代表参加培训并进行深入交流。10月，中国民间组织国际交流促进会在山东济南成功举办地方社会组织“走出去”能力建设培训班。

2019年12月，深圳市国际交流合作基金会正式启动了“中国（深圳）社会组织‘走出去’能力建设与交流合作平台”。该平台项目由商务部中国国际经济技术交流中心、联合国开发计划署驻华代表处、深圳市国际交流合作基金会共同发起。三方将基于《中共中央国务院关于支持深圳建设中国特色社会主义先行示范区的意见》《国务院关于同意深圳市建设国家可持续发展议程创新示范区的批复》等文件的有关部署要求，为总部位于深圳及粤港澳大湾区的公益组织在“走出去”过程中提供政策建议、能力建设、资源对接三个方面的支持。

2019年7月，云南省人民政府外事办公室会同云南省社会科学院等相关部门，研究制定了《云南社会组织走入老挝行动计划》，旨在进一步引领云南公益组织有序走入老挝，开展民心相通工程。该计划鼓励云南公益组织在减贫、医疗卫生、防灾减灾、替代种植、生态环境保护、文化教育、青少年交流等领域开展工作。

三、中国公益组织国际化的主要对策

2019年是中华人民共和国成立七十周年，也是全面建成小康社会的关键之年。2019年，面对复杂多变的国内外形势，我国公益组织“走出去”的国际化战略虽然仍处于探索阶段，但是稳中向好，在这一阶段迈上了一个新的台阶。我国公益专业人才的国际化实战经验愈加丰富、公民国际化的观念也在不断归位。

“十三五”规划纲要提出，要推进“一带一路”建设，秉持亲诚惠容，坚持共商共建共享原则，开展与有关国家和地区多领域互利共赢的务实合作，打造陆海内外联动、东西双向开放的全面开放新格局，为中国公益组织向海外发展提供重要机会。为实现民心相通，共创开放包容的人文交流新局面，公益组织在国家“一带一路”倡议下，走出国门，参与国际人道主义救援，开展扶贫济困和社区公益事业，发挥着不可替代的作用。

公益组织的国际化是大势所趋和人心所向，通过“走出去”，中国公益组织抓住践行责任共同体的契机。今后要让中国的公益组织“又好又快”地走出去，需要从组织的战略层面提出切实可用的发展方案，具体考虑延续以下五种路径和合作模式[28]：

（1）“属地伙伴型”。公益组织在国际化过程中，与属地国的公益组织建立长期合作伙伴关系，利用他们的专业人力资源，执行双方合作的公益项目，为我国公益组织开展国际化战略提供必要

---

28 黄浩明：《社会组织“走出去”：国际化发展战略与路径研究》，对外经济贸易大学出版社，2015.

的支持。

（2）“民办官助型”。公益组织当先运作，政府在援外资金中，拨出一定比例的民间专项资金给予支持；通过有条件的公益组织执行政府的援外资金，开展民生、社区、环境保护、教育等方面的项目。

（3）“社办联企型”。公益组织当先运营，联合率先“走出去”的企业，发挥公益组织与国际社会、所在国公益组织、社区联络的优势，形成与企业联合的双赢格局。

（4）“借船出海型”。公益组织与现有国际民间组织合作，以目前的合作模式为基础，借用现有国际民间组织经验、网络和人脉，为我所用，开展合作；同时也借用联合国体系开展公益项目。

（5）“社媒合作型”。公益组织在国际化路径选择过程中，通过媒体介入和支持，促进公益组织更具有国际化的视野。公益组织应利用媒体优势，促进公益组织“走出去”战略的实现。

关于中国公益组织“走出去”的政策建议主要从以下五个方面考虑：

（1）立法先行，补齐制度短板。在推进中国公益组织“走出去”和国际化的进程中，法律的导向特别重要，因此建议在制定对外援助法规中明确提出支持中国公益组织参与国家对外援助工作，做到有法可依，从而再从制度建设方面提出具体操作方案。

（2）发挥部际协调机构引导作用，做好公益组织协同和配合工作。由于公益组织“走出去”涉及中共中央对外联络部、外交部、商务部、民政部和财政部等党中央和政府的重要部门，中国民间组织国际交流促进会作为部际协调机构，需要进一步统筹安排，以确保中国公益组织“走出去”有序和有效发展。

（3）加强顶层设计、政策理论和国别研究，提供智力支撑。公益组织“走出去”的顶层设计是一个公益机构的重要内容，而公益组织的顶层设计需要从组织建设、战略设计、资金筹集、专业人员管理和安全要素等方面全面综合考虑；学界的理论研究和国别研究对中国公益组织“走出去”能够起到重要的指导和推动作用。

（4）政府通过购买公益组织对外援助服务，给予资金支持。中国公益组织“走出去”，普遍面临资金不足问题。就目前来讲，需要完善现有的政府购买机制，建立中国公益组织“走出去”专项资金，重点支持有条件的公益组织优先“走出去”，通过不断实践，提升中国公益组织“走出去”的实施能力。

（5）加强中国公益组织“走出去”的能力建设。例如南南合作基金中设立中国公益组织“走出去”的能力建设项目，以推动中国公益组织在“走出去”方面的专业人员培训、青年志愿者训练、经验共享机制等。

展望 2021 年中国公益组织国际化趋势，中国公益组织在“走出去”的过程中，有以下三个重点：

（1）从战略伙伴角度，需考虑长远利益和双方信任。中国公益组织要和国外合作伙伴建立长期合作关系，从可持续发展的基础、动力和友谊出发，将双方互信最大化。

（2）从人脉资源角度，要制定“精兵战略”，加强专业人才建设，确立决策主体，讨论利益共享，实现双方共赢。

（3）从国际规则角度，要通晓国际规则、合理运用“国际规则”，有效沟通并解决问题，努力让跨文化沟通更加高效。

总之，中国公益组织的出海才刚刚扬起风帆，2019 年各公益组织的积极实践和响应，对推动中国公益组织“走出去”已经起到了重要作用；展望未来，尤其在国家“一带一路”倡议下，中国公益组织“走出去”潜力巨大，而这一目标能否实现，将取决于政府的引领、社会各界的支持、公益组织的自身能力建设和国际合作等关键因素。上述的研究表明，中国公益组织“走出去”已经到了“天时、地利、人和”的佳境，公益组织“走出去”的春天就在眼前。

植根海外，探索中国公益组织国际化模式

——以中国扶贫基金会为例

伍　鹏
中国扶贫基金会国际发展部主任

一、中国扶贫基金会国际化历程

（一）中国扶贫基金会国际化概况

自 2005 年援助印尼海啸灾区开始，中国扶贫基金会在国际人道主义救援和国际发展援助中不断尝试，十几年来，中国扶贫基金会在世界上 19 个国家和地区开展了国际人道主义救援行动和国际发展援助项目。截至 2018 年底，中国扶贫基金会已经累计在国际援助方面投入资金及物资约 1.62 亿元人民币。目前中国扶贫基金会在埃塞俄比亚、苏丹、乌干达、纳米比亚、尼泊尔、缅甸和柬埔寨等 7 个国家开展了长期国际援助项目，成为了一家真正的国际公益组织。中国扶贫基金会的国际化探索，也获得东道国和国际社会的广泛赞誉，为中国民间外交提供了参考模式，为我国立体外交作出了应有贡献。

（二）中国扶贫基金会国际化的三个阶段

中国扶贫基金会海外项目经历了三个阶段：第一阶段为2005年至2009年，海外项目主要是针对世界范围内的灾害进行救援。先后响应和援助了印尼海啸、美国新奥尔良飓风、巴基斯坦地震、缅甸台风、智利地震、海地地震、日本地震、非洲之角旱灾等。这一阶段，中国扶贫基金会的员工没有走出国门，募集的善款都是通过受益国家驻华使馆，或者第三方机构拨付出去，这一阶段被称之为“不出国门的国际化”。

第二个阶段为2009年至2015年，这期间，以援建中石油捐赠的苏丹阿布欧舍友谊医院项目为标志，中国扶贫基金会开始派出员工去受益国开展项目前期需求评估、项目点考察、项目设计、项目实施、项目监测评估和后续管理等整个环节。员工以出差的方式对项目进行全流程管理，这一阶段被称之为“出差式国际化”。

2015年，中国扶贫基金会国际化进入第三阶段。中国扶贫基金会分别于2015年7月27日和8月14日成功注册缅甸和尼泊尔办公室，并开设了独立银行账户，其它国家如埃塞俄比亚也长期派驻项目管理人员。海外项目从“四无”，即无固定办公场所、无固定人员、无长期项目和无长期项目资金，转变成为“四有”，即有固定办公场所、有固定人员、有长期项目和有长期资金。中国扶贫基金会国际化进入“常驻式国际化”阶段。

二、中国扶贫基金会国际化项目

（一）国际发展援助项目

中国扶贫基金会的国际化发展援助项目回应了国际社会对中

国的期待，也回应了受益国家的民生需求，所实施的项目聚焦在帮助受益国家早日实现联合国2030年可持续发展目标，包括消除贫困、零饥饿、健康福祉、优质教育、清洁饮水和体面工作等。

1. 非洲“微笑儿童”学校供餐项目

在零饥饿方面，中国扶贫基金会实施了非洲“微笑儿童”学校供餐项目，该项目是中国扶贫基金会以在国内实施9年的“爱加餐”项目经验为基础，重新设计定位的国际项目。目前，项目在非洲的埃塞俄比亚和苏丹两国50所小学开展，截至2018年6月，累计募集资金1600万元，惠及9747名贫困学生。项目实施以来，达到了良好的社会效果。受益学校的校长和老师纷纷表示，自从供餐以后，学生辍学率下降，出勤率大幅增长，缩小了贫富学生差距，缓解了贫困学生的精神压力，学生学习积极性提高，精力更多地集中到学习上；教师处理学生学习以外问题的情况大幅减少，减轻了负担，更能集中精力到教学上，学生成绩大幅度提高。项目受到埃塞俄比亚和苏丹各界的认可，并且获得了本国捐赠人的支持，目前非洲“微笑儿童”项目总体受益学生2万多人。在埃塞俄比亚，项目的成功实施和取得的良好社会效果引起了当地政府重视，亚的斯亚贝巴市教育厅正在做调研，准备全面接手“微笑儿童”的供餐模式，推广到亚的斯亚贝巴全市的公立学校。

2. 国际爱心包裹项目

中国扶贫基金会爱心包裹项目在中国国内开始于2009年，是一项全民公益行动。在社会各界的关心支持下，过去九年多时间累计募集资金6亿元，向全国贫困地区的小学生捐赠了500多万个爱心包裹。2018年，中国扶贫基金会将爱心包裹带出国门，在尼泊尔、缅甸、柬埔寨和纳米比亚试点发放了爱心包裹，受到了当地政府、学校和民众的一致欢迎。有鉴于此，中国扶贫基金会和阿里巴巴集团决定扩大国际爱心包裹规模，每年募集3000万元，向约12个国家发放爱心包裹。

3. 缅甸胞波大学生助学金项目

在提供优质教育方面，缅甸胞波大学生助学金项目的设计借鉴了中国扶贫基金会实施十余年的新长城项目的成功经验，主要有两项内容，一是助学金资助，支持贫困家庭大学生顺利完成大学学业；二是成才支持，通过建立胞波同学会，定期组织受益学生开展相关活动，为受益学生搭建一个拓宽视野、提升能力、就业培训、工作和社会实践的平台，为学生的健康成长打下坚实的基础。项目于2016年8月正式启动，截至目前，累计投入517多万元，已经为缅甸仰光、曼德勒和若开邦三地13所大学1300名贫困大学生发放助学金，开展“胞波成才”支持活动6次。

4. 苏丹妇幼保健网络示范项目

该项目于2009年开始在苏丹实施，通过援建母婴保健医院、派遣中国医生志愿者、培训当地助产士、捐赠助产士包、开展孕产妇教育和构建社区母婴保健网络的方式，提升非洲社区母婴保健水平，降低孕产妇和婴儿死亡率。2011年7月，中国扶贫基金会募集捐赠资金110万美元援建的苏中阿布欧舍友谊医院竣工。医院建筑面积1700平方米，占地面积2000平方米。这是一家以妇幼保健为主，兼顾内科、外科、儿科、牙科、眼科，耳鼻喉科的综合性医院。新医院增设病床40张，使医院病床总数达到220张。医院覆盖周边100多个村庄近10万人口。2012年，中国扶贫基金会启动了母婴保健网络示范项目，项目了收集阿布欧舍地区14个村庄249例孕产妇信息，并根据国际通行标准，制定了5大类41项孕期高危因素，筛查出136例有高危因素的孕妇。对于高危孕妇的干预主要采取以下措施：敦促助产士增加检查频次；告知孕妇家庭医院项目人员联络方式；与孕妇家庭制定紧急情况应对计划。截至项目结束，249名孕妇无一发生意外，均安全生产。项目还招募了医疗志愿者，开展公众教育，主题包括孕期生活和卫生习惯、营养、用药介绍、如何自我监测胎儿状况、孕次间隔、女性割礼的危害性等。

5. 国际志愿者项目

派遣中国志愿者去东道国提供志愿服务的项目，是“民间帮助民间”援外模式的具体体现。项目的成功开展能实现中国与东道国的“民意沟通、民间友好、民生合作”。受商务部援外司的委托，中国扶贫基金会承担了向缅甸和尼泊尔派遣10名国际志愿者的任务。项目于2016年10月20日启动，共有202人报名，通过资料初步筛选、两次面试和心理测试，最终选定10位国际志愿者，经过为期一周的北京集中培训之后，于2017年3月派往缅甸和尼泊尔服务。志愿者们抵达缅甸和尼泊尔后，迅速融入社区，开展志愿服务工作，得到了各界的一致好评。

6. 非洲水窖项目

非洲水窖项目聚焦清洁饮水。该项目是借鉴中国严重缺水山区的雨水集蓄技术，为发展中国家的家庭用水提供干净、可靠和廉价的水资源。水窖项目解决干旱问题有三个优势。首先，水窖项目是一个“输血型”项目，不但减少农户取水时间和用水成本，还能为农户经济创收提供保障。水窖项目采用简单技术为家庭用水提供干净、可靠和廉价的水资源，为原本靠天吃饭的农田提供灌溉用水。第二，水窖通过民间组织动员社区参与的方式援建，相比其它用水设施的建设成本，具有成本低的优势，尤其适合在非洲地区低收入人群中推广使用。第三，水窖能持续地缓解干旱地区缺水问题，每口援建的水窖可以为5口之家持续蓄水50年。目前在徐工集团的捐助下，中国扶贫基金会已经在埃塞俄比亚成功完成两期水窖援建工作，共援建81口水窖，惠及4000多人。

7. 埃塞俄比亚妇女职业培训项目

该项目聚焦体面工作，即消除贫困和体面工作。项目由中地海外集团捐赠70万元，用于帮助100名埃塞俄比亚贫困妇女接受编织和石头加工等技术培训，从而获得创收本领，实现就业或者创业。2017年，项目在埃塞俄比亚的阿克苏姆开展50名妇女参加的草编和石雕技能培训；2018年在埃塞俄比亚的拉利贝拉举办50名妇女参加的纺织和制陶技能培训。在当地，这些技能以前只传授给男人，妇女是不能学习的。目前，受培训妇女生产的产品已经在市场销售，扶贫项目效果非常明显。

8. 尼泊尔博卡拉乙肝筛查项目

该项目聚焦消除贫困和健康福祉。项目由赠与亚洲基金会捐赠102万支持，在尼泊尔博卡拉地区开展乙肝筛查。从2017年3月正式启动，到2017年8月10日结束，项目共完成51个卫生所50000人的筛查工作，这是国际NGO在尼泊尔进行的第一次卫生筛查项目，筛查人数多且覆盖面广。

（二）国际灾害紧急救援项目

自2005年援助印度尼西亚海啸灾区以来，中国扶贫基金会先后对亚洲、非洲和南北美洲14个国家和地区进行了灾害紧急响应。这些响应包括：印尼海啸、巴基斯坦地震、缅甸飓风、尼泊尔地震救灾及临时安置、缅甸果敢难民救援物资发放、日本地震、朝鲜水灾、非洲之角干旱、西非埃博拉、美国卡特里娜飓风、智利地震、海地地震、厄瓜多尔地震和海地马修飓风等。

1. 尼泊尔地震紧急救援

2015年4月25日14时11分，尼泊尔发生8.1级地震，地震及多次强烈余震已造成约9000人遇难，2.2万人受伤，50万间房子完全倒塌，30万间房屋不同程度损坏，8000多所学校受毁。灾害发生后，中国扶贫基金会凭借多年的国际国内灾害救援工作经验，依托近年来精心构建的中扶人道救援队、人道救援网络、人道救援志工委等救援专业组织，开展尼泊尔地震紧急救援和灾后重建项目。截至2018年4月底，中国扶贫基金会募集资金达1332万元，累计投入项目资金物资1202万元，惠及24.65万人次。其中紧急救援阶段支出448.18万元，过渡安置阶段支出196.42万元，总受益人数17.8万人次。在紧急救援阶段，我们共计138人次投入5000余小时，进行60天不间断紧急救援工作，先后开展灾情排查、生命救援、供餐、卫生消杀、医疗健康、物资发放等15个项目，受益人数15.57万人次；在临时安置阶段开展安置社区铁皮屋、学校援建等项目，受益人数2.17万人次；在灾后重建阶段投入557.2万元开展了卫生、教育和社区发展三大领域的7个项目，包括学校重建、电脑教室、心理支持、爱心包裹、水与卫生项目（WASH）、乙肝筛查和妇女职业培训。

2. 厄瓜多尔地震救援

2016年4月17日，厄瓜多尔发生7.8级地震之后，中国扶贫基金会第一时间启动救援行动，奔赴灾区开展了灾情排查、医疗巡诊、消防消杀、安全饮水、食品保障、物资采买、伤员救助等一系列活动，救灾款物支出约105万元，直接惠及1万多名受灾民众。此次救援行动得到了联合国机构、当地政府和民众、华人华侨以及中国大使馆的高度认可：中国扶贫基金会的救援行动纳入联合国人道主义事务协调办公室的统一指挥；当地政府部委邀请中国扶贫基金会救援人员参与政府内部救援协调会；当地华人华侨发来感谢信。救援行动也引起国内外媒体的广泛关注：中央电视台《新闻联播》等5个栏目，新华网、国务院新闻办公室及外交部网站、南方都市报等媒体报道了救援工作；美国电视台、厄瓜多尔国家TC电视台及当地两家报纸都正面报道了救援工作。

三、中国扶贫基金会国际化收获的主要经验

1. 培养一支驻扎东道国的专业化队伍

经过近十年的海外项目运行，中国扶贫基金会形成了以国际发展部和紧急救援部为主，筹资、人力、财务、品牌、行政、监测和信息技术等多部门支持的国际化队伍，在缅甸、尼泊尔、埃塞俄比亚和苏丹分别有项目办公室和工作点，通过招募国内员工和海外志愿者，建立了总部加海外办公室的国际化项目实施队伍，为国际化项目的顺利实施提供了有力保障。

2. 拓展国际联系与合作渠道

在多年的发展实践中，我们努力熟悉掌握《联合国全球人道宣言》《日内瓦公约》《难民地位公约》，以及国际红十字会和联合国可持续发展目标等有关国际规则和话语体系，了解利用联合国人道主义救灾协调机制，与联合国有关机构、知名国际组织和受益国公益组织保持了密切的联系，有的还建立了合作关系，搭建了一个广泛的国际网络，“走出去”的知识、资源和能力不断提高。

3. 掌握接地气、高效率、重实效的项目设计能力

通过多年的国际化项目实践，中国扶贫基金会逐步形成国外基线调研、发动、规划和具体项目设计等工作流程，项目立足当地实际，以受益人需求为导向进行设计和实施。如在埃塞俄比亚了解到项目地的需求，实施了“微笑儿童”项目，受益对象以当地孤儿、残障和单亲家庭儿童为主，实现把资源瞄准到最需要帮助的人，满足当地社区的实际需要，受到了地方政府和民间欢迎。

四、中国扶贫基金会国际化主要特点

1. 深入基层，扎根社区

通过多年发展，中国扶贫基金会已经实现常驻式国际化，在受援国设立或注册项目办公室，招募当地员工和志愿者，扎根社区，开展面对面的服务。例如在尼泊尔实施的乙肝筛查项目，基金会深入尼泊尔博卡拉山区，为 5 万当地群众抽血检验，最后检测筛选出 132 名感染者。

2. 注重点面结合，针对性强

中国扶贫基金会的国际项目既有4元一顿饭的“微笑儿童”学校供餐项目，也有几百万元援建的母婴保健医院；既有受众面广、可以迅速铺开的爱心包裹项目，也有聚焦培训受益人就业技能、彻底摆脱贫困的埃塞俄比亚贫困妇女就业培训项目。

3. 强化普惠效应，通融民心

中国扶贫基金会实施的国际人道救援和发展援助项目，有50%以上捐赠来自国内社会公众，实施的所有项目均下沉到最基层，在项目实施推进中，基金会尽力把这样的广泛性公众性得到更好的传播和扩散，产生了很好的沟通民心的效应。

五、中国扶贫基金会国际化遇到挑战

1. 捐赠资金无法直接拨付海外办公室

中国扶贫基金会缅甸和尼泊尔办公室已经获得东道国政府批准成立，并设立了独立的银行账户。但是目前总部用于公益项目的捐赠资金无法直接拨付海外办公室。

2. 公益组织“走出去”的资金来源有限

发达国家公益组织“走出去”的资金和物资来源主要是依靠政府支持，其次是企业和公众个人的捐赠。但是由于各方对公益组织国际化还不是很理解，所以支持和参与的积极性还不是很高，再加上政府援外资金尚未如欧美国家那样有一整套基于法律法规的具体操作程序而对经过核准的公益组织开放，导致我国公益组织能用于国际事业的资源有限。

3. 公益组织“走出去”的知识储备不足

我国公益组织参与境外人道主义救援和国际发展合作事业，自身团队需要多学科知识体系与相关技能（如流利使用外语）的支撑，特别是国际政治学、经济学、社会学、人类学和跨文化研究等专业的支持。只有具备了相关的知识和技能储备，公益组织才能了解目的国人民的需求，有的放矢地规划和开展工作。目前，国内对于公益组织“走出去”的研究成果不多，能提供这方面专业咨询服务的机构较少。

六、对中国公益组织国际化的政策建议

一是建议国家外汇管理部门对“走出去”的我国公益组织直接向依法注册设立的海外办公室拨付慈善项目款和运行经费给予特殊批准，以畅通捐赠境外资金的拨付渠道。

二是建议政府南南发展合作基金尽快启动，加大对我国公益组织“走出去”的支持力度。

三是建议国内的专家学者和媒体，开展有针对性的调查研究、传播和推广的活动，为中国公益组织国际化提供咨询服务，同时推动政府、企业、民间公益组织、广大公众等各方的思考、行动与互动。

公益"中国梦"：爱德基金会国际化探索之路

丘仲辉 凌春香 朱艳伟[29]

"一带一路"倡议的实施，是"中国梦"一步步走向现实、走向开放和包容的国家富强和民族振兴之路，也是维护世界和平和推进联合国《2030年可持续发展议程》的重要举措。"一带一路"建设以中国国内良好的社会治理为基础，从而带动周边国家的发展与共同繁荣，不论是国内的社会治理，还是"一带一路"走出去的国际社会融合，都少不了社会组织参与这一重要的一环。

爱德基金会成立于1985年4月，是由原全国政协副主席丁光训、江苏省政协副主席韩文藻等老一辈中国基督教界领袖发起、社会各界人士共同参与组成，并经江苏省政府批准设立的民间公益组织。30余年来，爱德紧紧围绕党和国家的大政方针，积极助力国家扶贫发展与社会治理创新，先后与20多个国家和地区的近300家机构开展了不同形式的友好合作，广泛动员海内外爱心人士支持和投身公益，在扶贫济困、城乡社区发展、公益倡导与行业支持、国际合

29 丘仲辉，爱德基金会理事长；凌春香，爱德基金会秘书长；朱艳伟，爱德基金会研究发展总监。

作等多个领域开展了大量的工作，累计募集捐赠资金超过37亿元，撬动地方政府的项目配套资金10多亿元，公益项目遍及全国31个省、市、自治区的521个区县，以及海外10多个国家和地区，受益贫困群体数千万人。

爱德成立于改革开放之初，成长于改革深化的历程之中。它深深植根于我国农村和城市社区之中，为有需要的人群提供服务。爱德的成长既得益于我国改革开放的大环境与党和政府一系列的好政策，也得益于国际社会和众多国际机构一直以来的关心和支持。在中国经济高速发展、国内公益事业日益发展壮大的今天，爱德积极响应中央提出的“一带一路”倡议，依托中国政府和社会公众的支持，进一步加强了与沿线国家政府和社会组织的合作，开始有意识地反哺国际社会，利用国内的政府购买服务资金和社会资源，在发展中国家开展紧急救援、灾后重建和其他人道主义救助的项目活动，同时为中国社会组织走出去积极搭建平台，沟通渠道，共同塑造中国公益的国际形象。

一、基于国内需求的国际合作发展的历史和成效

爱德的国际化之路，既有别于国内本土一般的社会组织，也不同于由项目进入中国而扎根本土的国际组织。爱德从成立之初到上世纪末，其成长和壮大主要是依托民间交往的通道，引进发达国家无偿援助资金，用于国内的教育、社会服务、医疗卫生、农村发展等各项工作，其基因中天然带有国际化的因素——它的成立和成长本身就是一个中国与国际民间社会友好交流的美好见证和丰硕成果。

（一）项目领域的交流合作

按照1986年“贫困地区经济开发领导小组”划定的人均年纯收入206元的贫困线标准，中国绝对贫困人口有1.25亿[30]，很多地方的群众缺少基本的生活保障，扶贫任务十分艰巨。20世纪八十年代，政府财力有限、社会捐赠事业处于萌芽状态，在金融市场尚未成型的情况下，爱德无法按照发达国家的成熟模式——通过基金的投资收益做公益项目——来运作一个基金会，作为当时屈指可数的民间组织，爱德是一个“没有基金的基金会”[31]。这种状况决定了爱德的项目工作只能以寻求海外资源为主。1987年，爱德与海外合作机构共同成立了爱德欧洲合作伙伴网络（European Network of Amity Partners，简称ENAP），其成员主要是由爱德在欧洲的合作机构代表和友好人士组成，每一年或两年在欧洲不同国家的不同城市召开会议，帮助爱德在欧洲乃至全球拓展合作伙伴与合作资源。30余年来，爱德先后与海外300多家国际机构建立了合作关系，在基础教育、环境保护、灾害管理、特殊弱势群体帮扶、国际交流合作等领域开展了数千个项目和相关活动，促进了项目区城乡社区的可持续发展。

（二）方法理念的交流互鉴

爱德开展国际合作的形式，除了海外机构提供项目资金支持，

30 徐家良，赵文聘。新时代慈善大格局：慈善力量参与脱贫攻坚[M]. 中国社会出版社：北京，2019:21.

31 爱德基金会首任秘书长韩文藻先生常以此语向外国友人解释爱德向海外募款的原因。

还开展专业培训、资助举办研讨会和开办培训班以及海外专家资源的支持，等等。通过这些交流学习，爱德引进国际发展理念，根据本国国情和社会需要以及机构的发展方向，独立提出和自主实施项目，得到海外合作机构的充分尊重和大力支持。

1993 年，爱德第二届董事会[32]第三次会议决定把爱德的项目工作重心转移到西部，爱德学习引进农村参与式评估的理论和方法，并将之运用到扶贫实践中，提出农村社区综合发展的扶贫方式，得到了国外资助机构和国内合作伙伴的肯定与支持，项目人员得到锻炼，项目管理更加规范，项目区域得到拓展。农村综合发展扶贫项目的规模一般都在数百万人民币、持续三到五年在特定地区开展工作，这使得爱德的项目和财务管理的专业化水平都得到了很大的提高。结合国际社会发展理论，爱德提出“一个中心、两个基本点”（即坚持以人的发展为中心，以满足人的基本生活需要和保护生态环境为两个基本点）的理念，强调以人为本，围绕人的发展设计项目，重视对受益群众知识文化和技能的培养、农民自治组织的成长和自我管理的实现，配套跟进农田水利、文教卫生、生态环境建设、妇女小额信贷等促进农村社区可持续发展的其他各类项目。

由于这种与国际机构广泛而密切的联系，爱德从成立伊始，在机构管理、项目管理和财务管理等方面都是按照国际规范来运转的。这种与国际接轨的管理理念和方式，也间接影响了合作机构的工作方式，推动了项目合作伙伴能力的提高。

---

32 1985年爱德成立时决策机构名称为“董事会”，后相延成习。2017年1月4日第三届理事会第一次会议后，按现通行称呼改为“理事会”。

（三）人员技术的交流培养

人才和技术合作是项目成功开展的核心要素。以扶助弱势群体、倡导教育公平为使命的国内教育项目和以鼓励青年投身社会服务、促进不同文化间交流为宗旨的国际交流项目，为广大中外青年学子打造一个集游学、志愿、实习、生活、社交于一体的综合平台。项目致力于培养勤于求知、乐于服务、勇于探索的青年一代，使之成长为具备国际视野和人文关怀的新时代高素质人才。

30 多年来，爱德共引进长期外教 2000 多人次，使其进入高等院校进行英语教学，举办短期外教执教的暑期英文班，累计培训 3.2 万名国内中小学英语教师，其中 1 人获得国家级“友谊奖”，约 50 人获省级最高奖。在中国的执教过程中，爱德外教逐渐了解中国，加深了对中国的认同感。由于他们是各国相关教会和机构派出的，在归国后又成了爱德的友好大使，在自己国家的教会或机构内部介绍中国，讲述中国故事，使国外教会和信众对中国的国情有了比较全面、正确的认识，促进了民间交往和民心相通。

（四）民间机构的交流互访

爱德的成立和发展与国际机构的支持密不可分，机构间联系广泛、交流频繁，因此每年都要接待大量的海外机构和友好个人。就最近几年来说，爱德就接待了世界基督教教会联合会（World Council of Churches，简称 WCC）总干事、世界信义宗联盟（Lutheran World Federation，简称 LWF）总干事、国际救灾与发展联盟（ACT Alliance，简称 ACT）总干事、英国坎特伯雷大主教等世界级的基督教领袖人物及一些重要海外宗教团体的来访。爱德通过和海外广泛的人员交流、培训、访问和举办研讨会，发挥了社会组织的民间外交作用，不仅拓展了自己的国际视野，更是增进了不同国家、不同民族和不同文化之间的沟通理解，为各国民间友好和世界和平做出了积极的贡献。

二、面向全球的国际合作与发展的路径和探索

30 余年来，爱德国际化进程的模式和途径在不同阶段有不同的内容和形式，这既得益于国家的相关政策，与国家的经济和社会发展水平相关联，也得益于中国公益事业的发展，诸多因素成就了爱德特有的国际化道路。“爱德是中国大陆最早一家吸收外资开展公益的民间机构，与海外有着天然的联系，具有开展民间外交的先天优势。”[33] 这种优势的建立与爱德的成立背景及当时国内发展状况和国际合作态势相关。2008 年“公益元年”之后，得益于移动互联网技术的应用和自媒体的蓬勃发展，依托中国经济的高速增长和公民捐赠意识的提高，中国民间公益慈善也得到了快速的成长。进入 21 世纪后，全球范围内灾害频仍。爱德加强了与国际非政府组织的合作，在国际上开展灾害应急响应和救援工作。“2014 年起，随着善款来源的结构转型，爱德制定了新一轮国际化战略：从过去走出去以引进资源为主，到如今走出去以提供服务为主。”[34] 爱德新一

---

33 张化，丁光训主教开启的一个对外窗口——爱德基金会[J]. 上海市社会主义学院学报，2017(03):53-58.

34 同上。

轮国际化战略的资金募集以国内筹款平台和政府购买服务为主，兼有国际机构的项目支持，在路径选择上通过机构的国际化和项目的全球化实施机构“走出去”的发展战略。

（一）爱德机构的国际化进程

爱德根据国际化发展的需要，通过成立海外办公室，锚定项目区域，覆盖一定地域范围，在此基础上通过构建合作伙伴网络推动项目的落地执行，推动项目活动的多区域开展。另外，爱德通过积极申请加入国际组织获得成员身份，从而得以融入国际社会，并利用其对话和交流平台积极参与国际事务。

1. 设立区域和国际办公室

作为国际化战略中的重要举措，爱德在非洲和欧洲陆续成立了地区和国际办公室。2015 年 7 月 1 日，爱德首先在埃塞俄比亚首都亚的斯亚贝巴正式成立非洲办公室，这是第一个由中国公益机构在非洲正式设立的办公室。中国《公益时报》对此发表评论，指出目前中国基金会“走出去”仍处在初级阶段的探索和尝试期，基本上属于“四无”状态：无固定经费来源、无固定项目、无当地雇员、无固定办公场所。而爱德非洲办公室的成立，则结束了这种“四无”局面[35]。

2016 年 3 月，为有效利用日内瓦拥有联合国机构和国际组织众

35 爱德基金会走进非洲 [EB/OL]. 中国民族宗教网，http://www.mzb.com.cn/html/report/1602256200-1.htm.2015-8-25.

多的优势，方便我会与欧洲众多的合作组织联系交往，以及可以帮助中国社会组织更多地走出去、在国际舞台上发挥作用，爱德在瑞士日内瓦设立了国际办公室，中国常驻联合国日内瓦办事处和瑞士其他国际组织代表团大使傅聪、埃塞俄比亚常驻联合国日内瓦办事处和瑞士其他国际组织代表团大使德哥古·马如塔、世界基督教教会联合会总干事、世界路德宗联盟总干事、国际救灾联盟首席运营官、德国粮惠世界董事会主席等嘉宾出席了揭牌典礼并致辞，表达了对中国社会组织参与国际事务的期待。

2019 年 8 月，爱德根据需要又在肯尼亚设立了办公室，为非洲项目的拓展提供了更多机会和更大的发展空间。

2. 开展全球合作伙伴网络建设

中国社会组织“走出去”面临的最大问题是海外项目的落地执行。由于国情的陌生，在设立区域办公室之前和最初，中国的社会组织缺乏落地执行项目的能力。爱德发挥国际联系广泛的优势，通过与国际性机构和项目所在国的公益组织合作，在国内开展筹款工作，在受援国由合作机构执行项目，从而解决了项目执行难的问题，使得国际社会分享了中国改革开放的成果。ACT 是总部位于瑞士的关注全球灾害救援的国际机构，由 120 多个国家和地区的 150 家机构组成，爱德是其发起机构和创始成员及理事单位。爱德开展的国际救援活动，很多都是与国际救灾与发展联盟及其成员单位合作开展的。2014 年，爱德与腾讯公益慈善基金会、美国非营利组织 Watsi 合作，发起的“爱无国界——救助来自第三世界的人们”公益项目，在腾讯公益的网络平台上为发展中国家的贫困人群募集资金 423 万元，救助了包括尼泊尔、柬埔寨、缅甸、泰国、菲律宾、埃塞俄比亚、肯尼亚、乌干达、马里、坦桑尼亚、索马里、索马里兰、尼日利亚、刚果、马拉维、海地、危地马拉、哥伦比亚等18个国家的近千名患者。

3. 加入国际组织，融入国际社会

从国际关系的现状来看，国际非政府组织远远不如主权国家及政府间国际组织发挥的作用，并大多局限在经济、社会发展和环境保护等领域，但从趋势来看作用也越来越大。[36] 2013年下半年，爱德开始着手申请联合国经社理事会特别咨商地位，以利用联合国平台参与国际交流和发出中国社会组织的声音。2014年7月15日，联合国经社理事会（ECOSOC）批准了这一申请，爱德正式获得了特别咨商地位。2019年，爱德与联合国难民事务高级专员署 (UNHCR)) 签订合作备忘录，加强了与联合国系统机构的联系与合作。2020年5月，爱德受邀正式加入了国际志愿者组织理事会（ICVA），成为该机构的第一家中国成员机构。爱德获得联合国特别咨商地位以及成为三家国际机构的成员，可以在联合国这个更大的舞台上与国际民间组织进行交流和互动，大大扩展和加强了与联合国系统机构、国际组织成员机构的联系和合作，加速了爱德国际化进程的探索和突破，让中国民间组织的声音传播得更远和更广。

4. 利用国际平台，不断积极发声

2016年11月，爱德在日内瓦举办了第一场由中国民间组织主办的中国社会组织推介会，邀请了清华大学NGO研究所和爱德海

36 姜川，非政府组织在当代国际关系中的影响和作用[J]. 国际关系学院学报，2006(05):35-40.

外资深研究顾问等多位教授学者向与会的 10 多家国际机构的 20 多位代表介绍了中国社会组织发展状况及爱德的国际化战略。

2018 年 3 月，爱德国际办公室正式录用了一名当地员工，满足了落地条件，得以进入当地非政府组织数据库，正式亮相于日内瓦国际 NGO 社区。爱德国际办公室通过联合国平台，积极参与国际事务和国际会议，如世界社工日联合国日内瓦办事处主题会议、比利时根特亚欧人民论坛、LWF“巨人醒来（Waking the Giant）”会议、联合国政府间工作组普遍定期审议机制第 31 次会议期间的中促会“中国人权状况：改革开放以来的发展进步非政府组织视角”边会，以及中国国际交流协会和北京国际非政府组织国际交流协会合办的“中国少数民族群体和人权”边会、联合国社会发展研究所主办的“控制断裂世界的不平等：精英力量与社会动员之间”等会议。

（二）爱德项目的全球化发展

爱德项目的全球化发展与机构的国际化进程是同步开展的。爱德海外合作项目的拓展涉及多个国家和多个项目领域，初步呈现了全球化发展的趋势。先后在密克罗尼西亚、马达加斯加、菲律宾、尼泊尔、埃塞俄比亚、斯里兰卡、厄瓜多尔等 30 多个国家和地区参与紧急救援、灾后重建、医疗救助和其他人道主义援助工作，共实施项目 40 余个，援助资金 2000 余万元人民币。（详见附表：爱德境外项目开展情况）

1. 环境保护与可持续能源

20 世纪 90 年代初，爱德在中国许多农村开展了沼气池建设项目，受到当地百姓的欢迎和好评。在国际项目开发上，爱德把这个项目推广到了马达加斯加。2011 年至 2014 年，爱德与合作伙伴以马达加斯加当地可持续发展及自身能力提升为原则，坚持“以人为本”的社区发展理念进行项目设计，向马达加斯加援助了沼气池模具、沼气设备，开展了沼气池建造、维护和管理培训的项目。马达加斯加 18 名项目人员分别在 2011 年和 2012 年访问中国农村的爱德项目点，接受了为期 15 天和 48 天的培训。爱德连续 3 年派出项目管理和沼气专家多次赴马达加斯加进行现场培训和指导，建造了 212 口沼气池。

2. 灾害救援和灾后重建

此类项目是爱德开展最早、开展批次最多的人道主义援助活动。最先由爱德香港办公室在亚洲地区开展，后来爱德总部也逐渐参与到了国际灾害救援活动。如 2013 年菲律宾“海燕”台风风灾、2015 年尼泊尔地震、2016 年厄瓜多尔地震、2018 年菲律宾“山竹”风灾、2019 尼泊尔水灾等等。其中，2016 年，厄瓜多尔西北部沿海五省发生 7.8 级的强烈地震，造成 570 多人遇难，5000 多人受伤，800 多栋建筑物损毁，近 1000 公里的道路塌陷，灾区基础设施遭到严重破坏。爱德迅速派出工作人员远赴地球另一端的灾区开展工作，并联合中国台湾和香港地区的合作机构，通过 ACT 厄瓜多尔成员机构的协助，在当地灾区开展救援工作。这是中国大陆和台湾地区的公益组织首次联手在国际上开展的救援工作，也是中国公益组织在距离上走得最远的一次救灾行动。

3. 清洁饮用水

2018 年，爱德非洲办公室获得香港特别行政区政府 464 万元港币救灾基金的支持，为埃塞俄比亚索马里州 Fafan 地区 4700 户人家

5万余居民提供了4个月的生活用水和相应的净水套装，此外，在埃塞俄比亚当地中资企业中募捐到的9个水箱也投入使用。2019年，爱德本部团队和香港办公室合作，在尼泊尔、缅甸两国开展了以饮水安全为目标的“活水行”活动。

4. 教育促进

2018年，爱德获得江苏省外事办公室“江苏省社会组织‘走出去’小额资助项目”15万元的资金支持，并配套部分自有资金，实施了“埃塞小书包”、尼泊尔努瓦科特农村电脑培训室和斯里兰卡盲人助学金等3个项目。“埃塞小书包”项目捐助当地贫困儿童500个书包，每个书包配10支铅笔和10支圆珠笔。尼泊尔努瓦科特农村电脑培训室项目为Nuwakot县Bidur镇培训室配备了21台电脑，每年可以为400名青少年提供电脑技能培训。斯里兰卡盲人学生助学金项目资助戴瑞莎纳姆视觉障碍学校、坦加勒盲人学校和贾夫纳联合学院等十余所学校的55位正在和即将接受职业和高等教育的盲人学生，补贴他们购买盲文点字打字机、点字用纸和点字专用笔等视觉障碍辅助工具的开支。科伦坡市长、斯里兰卡总理发言人森那纳亚克女士、斯中友协主席古纳瓦达纳先生、学校及当地媒体代表100余人出席了奖学金发放活动。

5. 国际青年志愿服务和交流

爱德每年向挪威、美国、日本和韩国等国家派出志愿者，参加当地大学夏令营和社会服务工作，并开展以儿童、老人和残障人士为主的服务学习活动。组织接待来自美国、丹麦、日本等国家和香港特区数千名大学生志愿者，参与“服务学习”项目，促进中外青年之间的相互交流。此外，受江苏省人民政府外事办公室社会组织

"走出去"小额资助项目资金支持，爱德实施的"柬埔寨教育发展"项目，旨在促进当地教育发展，为推动柬埔寨农村地区的教育公平做贡献，具体内容包括向暹村小学派遣汉语志愿者进行教学服务、捐赠图书及书架、修建改造学校基础设施等。[37]

（三）抗击新冠疫情

2020 年，新冠肺炎疫情爆发，在国内外、社会各界人士的支持下，爱德共募集善款、物资价值 8400 多万元。除大部分用于国内防疫抗疫外，爱德还向全球 28 个国家和地区捐赠了价值 700 多万元的医用设备和医疗物资，以下是具体捐赠情况。

亚洲：向日本、伊朗、菲律宾、印尼、斯里兰卡、韩国和尼泊尔等国家捐赠了疫情防控物资，包括 334850 只外科医用和民用口罩、20 台呼吸机、5 台高流量呼吸湿化治疗仪、5040 个医用隔离面罩、5 万副医用检查手套、2500 件防护服以及其他物资。2020 年奥运会举办地日本东京涩谷区区长谷部健在收到爱德无偿捐赠的抗疫物资后发来了感谢信，称这批物资是"温暖人心的支援"，对涩谷市民而言是非常及时的帮助。伊朗驻广州领事馆和斯里兰卡驻华大使馆分别发来感谢信，称赞"此举发扬了国际人道主义精神，为我国抗击新型冠状病毒肺炎疫情作出了巨大的贡献"。斯里兰卡总统在推特上专门向爱德和中国人民表示感谢。

欧洲：向意大利、西班牙、德国、荷兰等疫情严重的国家捐赠

37 爱德基金会，爱德"国际教育发展项目"落地柬埔寨 [EB/OL].http://www.amity.org.cn/index.php?m=Home&c=News&a=view&id=560, 2019-12-20.

了医用口罩（17.7 万只）、防护服、面罩和护目镜等一批紧急医疗防护物资。意大利拉齐奥地区维泰博省一家医院的工作人员在收到防护物资后，竖起了大拇指，感动地说："这些救助物资就像饥渴中的泉水一样重要！感谢中国朋友们，爱心把我们连接在一起。"

非洲：向埃塞俄比亚、肯尼亚、马达加斯加、安哥拉、纳米比亚等 5 个国家捐赠 164400 只医用外科口罩、4800 件医用隔离面罩、1500 套医用防护服、100 份爱心包等医疗防护物资，帮助当地更好地开展疫情防控工作。埃塞俄比亚驻华大使还专门与爱德召开了视频会，讨论落实抗疫物资的接收，并向爱德发来信函，表示感谢。

此外，爱德也向美国、加拿大等国家和地区捐赠了抗疫物资，并与中国其他社会组织一起，携手埃塞俄比亚、南非、菲律宾的社会组织共同合作，举办了三场"丝绸之路沿线民间组织合作网络抗疫经验线上分享交流会"，与非洲和亚洲民间组织通过线上交流会的形式分享中国独特的抗疫经验，引起当地机构的热烈反响，也得到了中促会的大力支持和赞扬，并推荐到人民日报等主流媒体予以报道。

三、探索与思考

尽管中国公益慈善事业的发展暂时滞后于社会经济的发展，但对于中国走向世界、开展和平对话和实现联合国可持续发展议程 17 项目标，具有不可忽略的重要作用。通过"一带一路"倡议的实施，公益同行或公益先行，可以进一步推动中国公益事业的发展，从而使中国的社会组织在国际事务上、在联合国非政府组织领域内发挥更为积极的影响，最终为"中国梦"的实现贡献政府和民间的共同力量。

（一）中国社会组织"走出去"的必要性

1. 中国社会组织"走出去"，可以成为国家发展的有效补充

随着经济实力的增强，中国在国际舞台上发挥着越来越重要的作用，各方赞誉有之，但来自外国政府、国际组织和民间的不同声音也常见诸于国际舆论空间。如何维护中国国家和民族利益，不仅是政府的责任，也是我国社会组织的共同责任。因此，中国民间组织的声音应该也必须成为中国软实力的重要组成部分。

2. 中国社会组织"走出去"，是中国发展的需要

中国经过 30 多年的快速发展，在经济和社会发展等领域都发生了翻天覆地的变化，其成就和发展模式令世界瞩目。而中国社会组织从 20 世纪 80 年代初开始，特别是 2008 年以来不断涌现，对中国的社会建设和公益事业发展起到了重要的推动作用。在很多公益领域，如公益的新媒体应用、互联网公益筹款和人人公益等方面，中国处于世界领先地位，探索出了一条中国特色的社会组织发展之路。爱德在对外交往和交流中，介绍了爱德和中国其他公益组织发展的经验，许多发展中国家社会组织了解后都希望爱德去所在国建立分支机构或是合作开展公益项目，把爱德的经验分享给更多的国家和机构，并让更多有需要的人群受益。

2016 年 9 月 3 日，习近平主席在二十国集团工商峰会开幕式上的主旨演讲中提到，"今年二十国集团首次把发展问题置于全球

宏观政策框架核心位置，首次就落实2030年可持续发展议程制定行动计划，首次就支持非洲国家和最不发达国家工业化开展合作，具有开创性意义……我们关心不同阶层和群体特别是困难群众的需求，推动各国讨论公共管理和再分配政策调整。”落实习主席的这一讲话精神，中国的社会组织可以发挥积极作用。

3. 中国社会组织“走出去”，有助于推动国家间的民间友好交往

民间交往是国家外交的一个有益和重要的补充，而且这种交往的基础更深厚，影响更深远。爱德一直把促进中外民间友好交往作为机构的使命之一，为此开展了引进外籍志愿者教师到中国任教、青年志愿者服务学习等各类项目，也从海外引进各类技术和发展领域专家到中国来。此外，爱德每年接待上千名海外嘉宾来访。一方面把海外先进的公益慈善和社会发展理念借鉴应用到工作中去，另一方面这种直接的、长期的机构之间和人员之间的交流交往，能够帮助海外机构和普通民众了解一个真实而全面的中国。

（二）中国社会组织“走出去”面临的困难和障碍

1. 管理层面的障碍

中国社会组织“走出去”尚处于起步阶段，目前仅有少数几家社会组织开展了相关工作，在实践中面临很多困难，如对中国社会组织赴海外成立分支机构、对与境外合作和拨款到境外的外汇资金、对社会组织人员赴海外交流的出访手续等，都不是很清晰、很明确。

2. 社会和公众意识的薄弱

中国社会公众对于社会组织“走出去”的重要性和必要性的认识，总体上还比较薄弱。这使得公益组织进行国际项目宣传和筹款时，常常遇到质疑。普通的公众对于如美洲、非洲等远在地球另一端的国家和人民的贫困状况不了解，对他们所处的困境和面临的苦难无法感同身受。

3. “走出去”的资金筹措困难

社会组织“走出去”面临着资金筹措的困难，除项目资金外，人员招募、境外差旅、境外办公和员工住宿等管理费用的缺口，以及在境外设立机构或代表处所需的启动或注册资金，这些都比国内费用要高得多。

由于前述的社会各方面对社会组织“走出去”的重要性缺乏认识，公众个人捐款比较困难，这使得社会组织“走出去”缺少资金保障。

4. 机构自身能力的不足

中国的社会组织虽然发展迅速，但和西方发达国家相比，大部分社会组织仍然面临规模小、资金少、专业服务能力不足、专业人员缺乏等各方面问题，更枉谈对外交往与合作方面的能力和经验，以及对外联系与合作的途径和渠道。另外，在对外交往中，对从业人员的外语能力、跨文化沟通能力有很高的要求，即使国内比较大的公益组织，也缺乏这方面的人才储备和经验积淀。我们既不能操之过急，亦不可等闲视之。

（三）关于中国社会组织“走出去”的建议

1. 政府出台相关法律法规政策，鼓励和支持中国社会组织的国际化进程

中国社会组织的国际化进程，是在中国国家实力增强、实施“一带一路”倡议的背景下发生和发展的。中国社会组织的国际化路径和方法，需要中国政府的强有力支持，特别是在税收优惠、外汇管制政策、社会组织设立境外分支机构、人员出访手续等政策方面需要政府的鼓励和支持。

2. 政府设立专项对外援助基金，委托中国社会组织负责项目落实和实施

许多国家都设有国际发展署或类似的专门负责援外工作的机构，他们一方面和发展中国家的政府直接开展合作，支持其在国家层面开展大型扶贫和发展项目；另一方面，他们也会安排大量资金，支持本国的民间组织赴海外开展项目工作。这样既支持了本国社会组织的发展壮大，促进了国家之间的民间交往，提升了本国的软实力和美誉，同时通过市场化手段择优而选，促进了社会组织的良性发展。

目前在国家和省级层面已经开始这项工作，如江苏省外事办公室“江苏省社会组织‘走出去’小额资助项目”的经验获得了许多社会组织的赞誉，值得总结和推广。

3. 鼓励和促进海外中资企业与中国社会组织合作开展企业社会责任项目

发达国家的企业在向外拓展业务时，特别重视企业在当地的形象和美誉度，都会预算一部分资金履行企业社会责任。我国走出国

门发展的中资企业越来越多，但很多企业只注重企业自身的建设和发展，较少或没有开展企业社会责任项目，对当地发展缺少参与和贡献。

建议政府出台相关政策和意见，鼓励海外中资企业拿出一部分资金，在投资办厂的国家开展企业社会责任项目，委托专业的中国社会组织具体实施。

4. 设立中国社会组织“走出去”的协调机制与平台

中国社会组织“走出去”的工作涉及外交、商务、民政、税务、外汇、文化等各个领域和部门，面临的工作千头万绪，单个部门独立开展工作，难以整合资源和发挥效益。

建议设立中国社会组织“走出去”的协调机制，统筹协调中国社会组织“走出去”的政策措施；同时也为“走出去”的社会组织提供反馈意见的渠道。在行业层面，可由富有涉外工作经验的大型社会组织牵头，鼓励其他有意愿“走出去”的社会组织本着自愿原则参与，设立相应的民间平台和协调机制，定期召开会议，分享信息、交流经验、探讨做法；开展中国社会组织“走出去”的能力建设培训，培养在政治上可靠和具有国际化视野以及跨文化交流能力的社会组织人才，提高国际交往能力。

5. 建立对发展中国家，特别是非洲国家的社会发展培训基地和志愿者交流机制

发展中国家的社会组织由于本国的经济和社会事业发展水平所限，自我发展的意识和能力不够强，缺乏经验。中国作为发展中国家的一员，在过去和现在也都面临相似的问题，中国的经济社会发展模式和经验对其他发展中国家具有一定的示范和借鉴作用。

建议采取政社合作的方式，建立面向发展中国家的培训和交流基地，帮助他们的社会组织从业人员建立可持续发展的公益慈善观，加强能力建设，开展公益慈善工作，促进社会事业在本国的发展，增进人民福祉。

此外，建议建立中外志愿者交流机制，每年支持一定数量的中国志愿者赴海外提供志愿服务，同时也邀请其他国家的青年人来华参与社区服务工作，加强中外年轻人之间的交往，搭建民间外交的桥梁和通道，推动公共外交的进一步深化。

附表：爱德海外项目开展情况（不完全统计）

序号	项目名称	境外实施国家（地区）	项目所属领域	实施时间
1	菲律宾中医针灸培训、沼气项目	菲律宾	社会服务	1991—2003
2	菲律宾风灾救援	菲律宾	灾害救援	2009
3	密克罗尼西亚沼气项目	密克罗尼西亚	生态环境	2010
4	肯尼亚饥荒项目	肯尼亚	东非干旱救援	2011
5	中德两国中学生长期交流互换项目	德国	教育培训	2011 年起
6	中国青年赴挪威交流和志愿服务项目	挪威	社会服务	2011 年起
7	朝鲜粮食援助	朝鲜	粮食援助	2011—2013
8	马达加斯加沼气项目	马达加斯加	扶贫开发	2011—2014
9	菲律宾海燕台风救灾	菲律宾	灾害救援	2013—2014
10	爱无国界	亚非拉等 17 个国家	大病救助	2013 年起
11	尼泊尔地震救灾	尼泊尔第二省、第三省	灾害救援	2015—2018
12	中国青年赴韩国交流和志愿服务项目	韩国	社会服务	2015 年起
13	中国学生赴美国国际志愿服务项目	美国	社会服务	2015 年起

14	国际青年志愿服务和交流	巴巴多斯、老挝、柬埔寨、德国、津巴布韦、爱尔兰	国际交流	2015—2020
15	厄瓜多尔地震救灾	厄瓜多尔	灾害救援	2016
16	尼泊尔社区蔬菜集散基地建设项目	尼泊尔第二省	社区发展	2016
17	尼泊尔冬衣棉被捐赠项目	尼泊尔第二省	教育	2016
18	尼泊尔贫困学生助学项目	尼泊尔第二省、第三省	教育	2016—2017
19	斯里兰卡水灾紧急援助	斯里兰卡	灾害救援	2017、2018
20	埃塞俄比亚援助项目	埃塞俄比亚	水、卫生与健康促进	2017
21	“山竹”台风风灾救援	菲律宾	人道主义救援	2018
22	埃塞俄比亚小书包项目	埃塞俄比亚	政府购买服务	2018
23	努瓦科特农村电脑培训室项目	尼泊尔	政府购买服务	2018
24	斯里兰卡盲人助学金项目	斯里兰卡	政府购买服务	2018、2019
25	尼泊尔水灾救援项目	尼泊尔第二省	人道主义救援	2019
26	缅甸活水行项目	缅甸勃固省	社区发展	2019

27	尼泊尔活水行项目	尼泊尔第二省	社区发展	2019
28	缅甸社会组织能力建设项目	缅甸仰光	社区发展	2019
29	温暖尼泊尔的微笑项目	尼泊尔第二省	人道主义救援	2019—2020
30	柬埔寨教育发展项目	柬埔寨马德望省	教育	2019—2020
31	叙利亚暖冬计划	叙利亚	人道主义救援	2019—2020
32	点亮战地女孩上学梦项目	叙利亚	教育	2019—2021
33	非洲爱梦助学金	埃塞俄比亚、肯尼亚、乌干达	教育	2019—2021
34	尼泊尔粮食援助项目	尼泊尔第二省	人道主义救援	2020
35	非洲爱梦粮援	埃塞俄比亚	人道主义救援	2020
36	贫民窟的健康小课桌	肯尼亚	教育	2020
37	新冠疫情国际响应	28 个国家和地区	人道主义救援	2020
38	国际活水行项目	尼泊尔、菲律宾、斯里兰卡、缅甸	社区发展	2020
39	薪火同行国际助学项目	埃塞俄比亚、肯尼亚	优质教育	2020—2021

* 表格中“实施时间”栏目中两个年度之间的连字号“—”表示该项目为跨年单个连续项目；年度之间是顿号，则表示项目在不同年度的独立项目，但项目内容同质。特此说明。

由民间外交创新实践谈公益国际化
——以深圳市国际交流合作基金会为例

姜　安[38]　深圳市国际交流合作基金会理事
张梦雅　深圳市国际交流合作基金会品牌宣传总监

新时期，在“一带一路”倡议和“人类命运共同体”等理念大背景下，民间外交工作面临全新的环境、机遇和挑战。如何进一步参与国际治理与发展议题，发出中国声音、提供中国方案，支持实现联合国2030可持续发展议程，是中国社会组织所面临的新课题。作为国内首批以促进国际交流合作、推动城市国际化建设为主要业务内容的非公募基金会，深圳市国际交流合作基金会（以下简称“基金会”）自2014年12月成立以来，充分借助深圳丰富的外事资源和扎实的民间对外交流合作基础，主动作为、大胆实践，在深圳市人民政府外事办公室的指导下，逐步构建起重点分明、点面结合的“自主品牌项目”—“资助项目”双核驱动模式，促成国际交流合

38 姜安，深圳国际化发展战略研究中心主任，中国系统科学研究会副会长，中国社会科学院特约研究员。

作活动300余场次，覆盖经贸、科技、教育、文化、艺术、环保、友城、卫健8大领域，直接受益人群逾万人次，足迹遍布6大洲、22个国家、30座城市，成长为以深圳市为基地开展对外友好交往、促进互利共赢合作的中国民间力量的公益平台，触发了广泛且积极的社会效应。

基金会通过构建国际合作网络和实施务实行动倡议，支持社会各界开展国际交流合作、参与全球治理、提升深圳全球形象和战略地位。其中包括但不限于：资助开展民生领域的国际援助和社会公益活动，资助开展各类国际交流和民间友好往来活动，支持有关国际化议题下的学术研究、咨询培训、会议研讨等，表彰在推动深圳国际化城市建设、开展对外交流合作中贡献卓著的团体和个人。

一、当前公益国际化实践

（一）配合国家总体外交开展“澜湄合作”系列行动

2017年底以来，基金会配合国家澜沧江—湄公河合作机制创立了“深系澜湄”项目集群，遵循“官方指导、民间先行”的工作模式，重点围绕经济和可持续发展、社会人文交流两大支柱开展务实合作，积极担当“澜湄合作”民间推动者、为打造“澜湄共同体”注入民间动力。

首批项目主要包括共享经济特区建设经验（与一带一路国际合作发展（深圳）研究院联合发起，为湄公河流域国家访团学习中国经济特区建设提供定制化的培训和参访行程，为支持澜湄国家实现经济增长和可持续发展分享中国经验、提供深圳解决方案）、“湄公河太阳村”（与湄公河有关国家政府及民间组织、深圳光伏企业、深圳环保机构发起，为有关国家村镇家庭和公共区域提供光伏能源，降低有关国家城郊、乡村等偏远地区供电成本，为改善居民基本生活用电提供可持续的解决方案）和“湄公河光明行”（与中国民间组织国际交流促进会、余彭年基金会合作为有关国家捐赠白内障手术名额及眼科筛查）。

（二）为深圳市打造国际交流合作信息平台

自2017年起，基金会在深圳市外办、市委宣传部联合指导下推出深圳市对外宣传和国际交流合作信息平台“CityPlus 城市+”（以下简称“平台”）。这是一个由深圳发起的面向全球城市的对外宣传和国际交流合作信息平台，平台以服务深圳国际化城市建设与对外交流合作为中心工作，实践“官方指导，民间运营”的创新模式，围绕 “深圳对外展示与推进交流合作的网红平台”和“国际化城市建设互联网新形态”的核心概念，以“融合”“体验”和 “互动”为特色，提供一个“不一样”的国际门户。链接国际，服务市民，助力中国特色社会主义先行示范区建设。

平台自成立以来，立足讲好深圳故事，以温暖有趣的方式打造让世界了解深圳、让市民了解世界的双向宣介窗口与线上线下交互平台，与“EYESHENZHEN”等传统官方外宣门户进行错位互补发展，服务在深/来深的外籍人士在内的深圳市民、国际友城政府、机构及市民。自2017年底正式上线以来，平台慢慢搭建起了由10个海外城市号（已发布中英文文章600篇）、近400家海内外机构组成的线上网络。此外，通过线上线下多渠道联动，共上线11个超级话题专题页面，链接了209个机构，直播了10场活动，举办30场线上线下推介会，收获超过300万浏览量。

（三）为社会组织“走出去”提供平台支持

2019年底，基金会与联合国开发计划署（UNDP）、中国国际经济技术交流中心（CICETE）共同发起Value Plus中国（深圳）社会组织“走出去”能力建设与交流合作平台项目，以深圳市为创新示范基地，试点探索应对社会组织在“走出去”过程中所面临的挑战。项目通过政策指引、能力建设、资源对接等方式，提升社会组织以更专业和创新的方式参与国际议题和治理的能力，融入国际合作并推动可持续发展，并有效提升深圳国际化水平。同时，通过营造适宜的国际发展合作创新生态，打造深圳与国际社会的对话平台，助力中国社会力量参与国际治理议题、推动联合国实现可持续发展目标，打造引领社会力量融入国际发展的创新和示范项目平台。

2019年底以来，随着新冠疫情在全球大规模爆发，Value Plus广泛联动全国民间力量参与国际抗疫援助，先后向日本、韩国、瑞士、意大利等9个国家17个国际友城和机构紧急捐赠了总价值超过900万元人民币的抗疫物资，并结合新冠疫情围绕社会组织参与国际合作及可持续发展等主题开展了7场线上交流会与1场线下研讨会活动，共邀请30位来自26个机构的社会组织国际化领域专家，为中国社会组织提供开展国际化工作的能力建设支持。

二、探索总结“走出去”经验

在开展“走出去”工作的过程中，基金会始终遵循以下三大理念：

（一）与中国（深圳）改革开放经验有机结合

借有关国家想借鉴中国改革开放成功经验来实现自身发展的心愿，辅以开展民心相通项目的具体方式，增进有关国家对我国发展理念的认同，以中国模式推动有关国家政治、经贸、金融等关键领域体系的发展，其中重点以深圳特区建设经验为具体事例，用深圳故事讲好中国改革开放的故事。

（二）有效整合、协调各方力量形成合力

以“政府指导、民间先行、官民共进”为指导方针、构建开放性的民间合作平台为目标，整合深圳知名企业、公益组织、行业协会、高等院校、研发中心以及专业智库等资源，开展工作。一方面引导不同利益相关者在各自最擅长的领域来参与工作，另

一方面不断吸收积累效益好、影响广、潜力大的项目，发展形成新项目，最终以全面开放、民间自发、可持续的方式，帮助我市优秀民生项目和民间机构“走出去”、澜湄国家高端人才与资源的“引进来”。

（三）项目注重可持续性

在项目设计过程中注重通过设置专项基金发挥导向杠杆效应，

高效吸引广泛的社会资本和民间资源参与有关合作，扩大民间交流合作体系的辐射范围和社会效应。另一方面，关注中外双方的利益诉求以及项目本身的核心优势、普惠性、适用性和可操作性，并在合作项目中实施优胜劣汰机制，保持项目集群的旺盛生命力。

三、有关工作建议

在深圳社会组织“走出去”取得令人欣喜成绩的同时，我们也要注意到其在战略规划、实施与管理方面仍存在两大方面的困难和挑战。

（一）从内部来讲，地方型社会组织自身缺乏“走出去”的内在驱动力。具体体现在以下几个方面。

1. 区域性强。受自身发展阶段和能力所限，大多数社会组织的工作重点仍是国内社会领域和问题，同时与其他国家组织的合作也注重在国内区域，缺乏对海外地区的关注。在意识层面上，社会组织普遍对“走出去”认识不足，存在种种顾虑，难与其自身的发展战略有机结合，也在一定程度上限制了不同团体间开展深层次合作的可能性。

2. 资金短缺。社会组织调动资金参与国际活动的比例较低，仍有较大比例的社会组织如社团、行业协会等未能在国际活动中充分调动境内外资金，一定程度上限制了对外活动的步伐。同时，有限的资金致使社会组织“走出去”的工作内容单一，如较多行业组织选择以出访、参加国际会议等形式进行对外活动，对于资金密集度较高的国际合作项目则涉足较少；同时社团、行业协会等组织优先在自身所属领域开展国际活动，如参加国际大赛与国际行业会议、论坛等，更多是参与的角色。这些因素造成社会组织“走出去”的发展策略不平衡，特别是以民办非企业单位的参与为主，其次是社团组织与行业协会，而基金会较少。同时，参与活动类型以国际会议和出访为主，形式比较单一。

3. 普遍缺乏对合作地区的政治、经济、文化、信息等方面精通的人才，因此在项目遴选、对接和具体操作中专业能力不足。此外，拥有外籍工作人员或志愿者的社会组织占较少比例，同时在境外设立机构的社会组织更是少之又少。这均在一定程度上削弱了社会组织的海外执行能力。

（二）从外部来讲，政府在官方认可、政策扶持、资金匹配等方面可以为扶植社会组织“走出去”投入更大力度。

第一、资金扶持力度有待增强，社会组织的活动资金来源更多来源于自筹或会费，较少比例的社会组织能够得到政府资助。第二、社会组织开展的国际活动项目管理有待进一步规范，法规政策有待完善。如现行缺少对社会组织设立境外机构的较完善的管理条例和政策规范，使社会组织开展此类活动时产生顾虑，进一步限制了活动。同时社会组织“走出去”的法律体系也较为缺乏和滞后。第三、社团组织“走出去”的活动仍需得到进一步的官方认可，以提高社会组织参与对外活动的积极性和动力。

综上所述，在深圳市社会组织参与外事外交活动、积极实施“走出去”行动的大背景下，以基金会为代表的社会组织正以积极进取的创新方式来摸索搭建民间外交平台的实践经验模式，取得了不俗成绩，但也存在一定问题。未来，如果相关政府职能部门能给予以下方面的政策支持，将极大促进更多社会组织更好地发挥自身作用，进一步提高对外交流合作的质量与规模。

1. 建立更深层次的协调机制。为全面推动与相关国家和地区的民间交流与合作，促进各部门信息的及时互通，确保国家工作政府、民间一盘棋，建议以市委外事工作小组名义建立合作项目协调机制，邀请市政府各部分主要负责人以及参与合作项目的主要企业、社会组织、高校、智库及民间机构代表，定期就有关工作进度及未来方向进行交流，用以打通信息渠道，做好各方沟通。

2. 通过拨付一定比例的专项资金用于扶持重点社会组织“走出去”的活动，增强资金后盾，以进一步扩大社会组织对外活动的参与类型，更多地开展持续时间长、影响力广泛的国际合作项目，增强对外活动的效果。

3. 出台政策或提出意见，对社会组织开展的对外活动予以规范，进一步将社会组织参与对外活动的立项、流程执行等方面的工作规范化、标准化、模式化，提升“走出去”的效率。

4. 支持基金会等社会组织作为引进国际成熟 NGO 落地深圳，参与打造社会组织（企业、社会组织等）和参与“一带一路”“南南合作”等的创新生态，推动深圳成为参与国际治理议题、实现联合国可持续发展目标的全球创新示范城市。

5. 鼓励各类相关社会组织与企业内部社会责任部门实现联动，积极协调资源增强双方有效对接，从而完善项目设计和执行的整体生态系统。例如，通过搭建基金会与企业高层或企业社会责任管理人员间的交流平台，引导并提升企业对海外社会责任项目的重视，同时增进社会组织对合作企业方的认识，从而推动民间外交活动的精准设计与成果达成。在这个过程中，充分发挥社会组织的积极性，对社会组织承办的有关活动予以官方认可和支持，自是题中应有之意。

在国家发展战略和深圳市对外发展政策的推动下，深圳市各类“走出去”的社会组织在逐渐增多，“走出去”的频次在大幅增加，地理范围越来越广，合作领域不断拓宽，形式在逐步多样化。有理由相信，在外部政策推动和社会组织逐步提升自身能力的背景下，深圳市社会组织的“走出去”形势会更加的好，更多类型的深圳市社会组织会逐步适应国际化的环境，积极开展多种类型的国际活动，推动全球治理，进一步在全球范围内展现深圳特色，展现中国风采，为打造人类社会繁荣发展的“命运共同体”贡献深圳力量。

GEI——中国民间组织“走出去”的先行者

金嘉满　赵文娟　任　鹏　于卿婵　季　琳　彭　奎　范　敏

北京市朝阳区永续全球环境研究所（Global Environmental Institute，GEI）于2004年注册成立，总部设在北京，2013年、2017年、2020年被评为“4A级社会组织”。GEI立足本土，探寻解决全球性环境问题的方法，创新性地将传统的环境保护、生计改善、资源节约的手段，与商业模式相结合，使项目成果延续到项目期之外。

自2005年起至今，GEI已经在海外开展工作超过15年。GEI的项目领域涵盖能源与气候变化、生态保护与社区发展、海外投资贸易与环境，以及海洋保护等，已在国内近二十个省、市、自治区，以及东南亚、南亚、南美洲和非洲等地区实施项目，推动了包括中美及南南气候合作、低碳经济转型、社区共管协议保护、海外投资环境规范等方面的政策制定与国际合作，也是最早“走出去”在海外开展环境与发展工作的中国非政府组织之一。

在“走出去”的过程中，GEI各项目组分别从问题调查研究、推动平台搭建、双多边交流对话、实施示范项目、政策建议倡导等方面开展工作，取得了一定的影响力。

一、海外投资、贸易与环境“走出去”项目

1. 项目介绍

海外项目组的第一个项目始于 2007 年，关注中国海外投资的可持续发展。之前可以追溯到更早的 2005 年左右，协助中国与缅甸边境打击非法木材贸易问题。可以说，在 GEI 成立之时，就向其他在华的国际机构看齐，定位于不仅关注国内的环境问题，也关注区域和国际的环境问题。

当时的背景是，随着经济全球化步伐的加快和中国改革开放的进一步深化，中国政府开始推动“走出去”战略，鼓励有实力的中资企业走出国门，赴海外投资和参与建设。中资企业在海外投资促进了东道国的经济发展，给当地提供了就业机会，在一定程度上改善了当地人民的生活条件。然而，一些企业忽视环境影响、掠夺式的资源开发行为，也在东道国引发了一些环境和社会问题，使中国海外企业遭到了一些西方媒体以及国际组织在企业社会责任方面的批评，个别媒体和组织也借题发挥，恶意歪曲中国形象。

中国海外企业如果以不可持续的方式获取资源，所引发的环境恶化、资源枯竭等问题将不仅影响东道国的环境和社会可持续发展，也会影响中国的经济发展。同时，中国的国际形象将因某些企业的不良行为而严重受损，中国企业在海外的正常活动也将受到更多的质疑以及阻碍，中国企业的海外投资将会难以继续开展。

在实施“走出去”的战略中，如何履行中国是一个负责任大国的承诺？如何树立中国作为地区和世界负责任大国的国际形象？如何规避或尽可能减少中国企业在海外开发资源时的政治风险、金融

风险以及海外员工的安全风险，实现政治、外交、经济和社会效益的多赢？如何保证中国海外企业投资对所在国和社区的社会和环境产生正面影响，实现资源共有、利益共享？这些都是亟需探讨和解决的问题。

出于对这些问题的关注，GEI在国内外开展了一系列项目活动，包括研究示范、政策推动、企业培训、交流对话等，鼓励中国在对外投资贸易活动中引入环境和社会原则，以及促进关于绿色金融与可持续投资等领域的双边和多边交流对话。

在政策推动方面，GEI与国家林业局合作，推动首部中国海外林业投资指南（2009年林业局和商务部发布），并推动中国与缅甸开展双边合作，签署《政府间林业合作备忘录》，共同打击非法木材贸易。2014年，成立中非森林治理学习平台，协调中国与四个非洲国家（喀麦隆、刚果（金）、乌干达、莫桑比克）定期开展双边和多边交流、联合研究等。与中国环保部环境规划院、对外经济贸易大学合作，编制《中国对外投资中的环境政策研究》以及涵盖对外投资、对外援助、绿色信贷三部分内容的《中国海外企业环境行为指南》（2013年环保部和商务部发布）。此外，项目在研究中国现行的环境政策工具之后，如环境影响评价、生态服务付费、协议保护机制、企业社会责任等，将它们整合为综合环境政策工具包，并将推动政府有关部门把这些工具纳入国家政策中，鼓励中国境外企业遵循这些政策，以《指南》规范其环境行为；同时推动当地政府制定合理的环境治理政策，规范所有投资者的环境行为。同时，在东道国（老挝、缅甸、柬埔寨）开展与当地利益相关方（包括政府、民间社会和社区）的交流和能力建设活动。

2015 年 6 月，GEI 项目经理主持中非森林对话平台第二次年会。

在企业培训能力建设方面，GEI 编写了中国企业海外投资社区沟通手册等培训教材，并在北京、云南等地组织针对企业境外开展社区项目，减少环境社会风险的培训活动，并协助企业在老挝、缅甸开展环境社会管理项目。2010 年，GEI 协助中国水电在老挝（首个海外 BOT（build-operate-transfer）项目，即建设—运营—转让项目）开展社区环境管理项目。

在交流对话方面，GEI 先后协调了一系列政府间双边和多边对话，围绕海外中国企业引发争议的项目，召开利益相关方闭门会议（如密松大坝叫停），协调社区、企业和政府部门进行对话、充分沟通，并对所涉企业提出建议。

2012 年 8 月，缅甸总统经济顾问吴敏、吴赛昂，缅甸工商联主席吴温昂出席 GEI 和缅甸投资委员会（MIC）、缅甸发展和资源研究所（MDRI）共同举办缅甸环境与发展国际研讨会。

2. 项目实践经验

在"走出去"的过程中，我们发现，无论是发达国家还是发展中国家，社会对环境的关注度越来越高。企业是实施"走出去"战略的市场主体和核心，重视和履行环境社会责任不仅能创造良好的社会效益，还能使企业获得巨大的经济利益。在过去十多年时间里，中国企业对外投资经历了高速发展，中国企业在如何履行环境社会责任、融入当地文化、树立正面形象方面面临很大挑战。首先，对外沟通方面照搬国内模式。作为外资企业，整个公司的透明度以及对外沟通合作的态度十分重要，不仅同中央政府进行沟通，地方政府也要考虑进去。除此之外，还是需要同当地的居民，或者其他的利益相关方保持良好的沟通。第二，“只做不说，少说多做”。企业在做海外投资的时候，必须要接纳一个新的文化，尤其是在进行收购的时候，如果对当地文化理解得不够，企业可能会和自己的员工、当地的居民出现沟通难的问题。第三，对环境社会风险认识不足和机构能力有限。企业要学习当地的法规、规则、习惯等。除了法规之外，还会涉及一些地方的标准，如资源性的标准等。作为一个外资企业，不能只满足于符合当地法规，而是要做更多的努力去融入当地的社会环境。第四，非商业性风险包括投资所在国的政治安全风险。企业在投资政治社会环境相对不稳定的国家时，缺乏相应的国家风险分析和评估能力。对投资所在国政治情况、生态环境状况、环保法律法规、当地社会人文等信息缺乏充分了解，企业需要中国政府（驻外使馆）、相关研究机构、社会团体和 NGO 等专业机构提供信息服务。我国的对外援助，要大力支持这些机构全方位、多层次地走出国门，融入当地社会，为企业搭建公共信息服务平台和资讯网络，在环保法规、社会文化、风险防范等方面提供专业意见。

二、能源与气候变化“走出去”项目

1. 中美合作在发展中国家推动低碳与可再生能源发展

在应对气候变化领域，GEI 在过去的十年里，协助促成了中美两国在清洁能源与应对气候变化议题上的高层“二轨”对话，对《中美元首气候变化联合声明》的达成及 2015 年气候变化《巴黎协定》的签署起到相应的作用。2015 年气候变化峰会促成全球 190 多个国家向联合国递交了国家自主贡献目标（NDC 目标），众多发展中国家和最不发达国家都提出，需要国际援助，包括可再生能源政策规划、技术和融资等，帮助他们实现有条件的 NDC 目标。而这些国家又都面临着经济快速发展、能源需求增长和温室气体减排的多重目标和挑战。

自 2017 年起，GEI 针对东南亚及“一带一路”国家开展了对实现 NDC 目标的需求调研，特别是可再生能源发展需求，希望提高当地国制定低碳与可再生能源规划的能力，提高编制规划、计划和项目的能力，希望当有更多气候资金支持时，能有足够的能力来接受支持、共同努力，以兑现《巴黎协定》和 NDC 目标。当下，我们在缅甸、斯里兰卡等南南国家正在开展工作，推广低碳与可再生能源规划工具，协助其制定科学、有效的低碳发展战略与可再生能源政策。目前，在缅甸，我们正在与缅甸能源和电力部、缅甸教育部能源创新司、缅甸自然资源环保部等合作，提高编制可再生能源规划、计划和项目的能力，促进当地国实现经济增长和应对气候变化的双重目标。我们邀请中科院和美国气候战略中心的多名专家于 2018 年 6 月和 10 月开展了两次研讨会与技术培训。除了上述缅甸各部委外，东盟秘书处副秘书长以及柬埔寨、印尼等国的代表也参与了研讨会。

在斯里兰卡，GEI 正在协调他们申请中国气候变化“南南合作”的“十百千”项目，同时，运用可再生能源规划工具对该国适合安装分布式光伏系统的地区进行了潜力评估。

2017 年，在完成了对斯里兰卡国家能源情况和可再生能源技术需求的研究后，GEI 对斯里兰卡康提市下属的甘布拉小镇展开了

2018 年 6 月，中国科学院科技战略咨询研究院副院长王毅、东盟国家议会秘书处副秘书长 Mario Pandu Dewono，缅甸自然资源与环境保护部环境保护司司长 U HlaMaung Thein 出席 GEI 与缅甸教育部能源创新司联合举办的“推动缅甸可再生能源发展主题研讨会”。

实地调研和考察。在调研过程中，GEI 运用了地理信息系统（GIS）技术，完成了对当地可再生能源资源量和分布（太阳能和生物质能）的绘制和测定。根据调研和分析结果，GEI 为甘布拉小镇设计了一套低碳发展方案：

- 屋顶光伏发电：充分利用小镇现有公共建筑（总面积为 22,670 平方米）铺设太阳能光伏屋顶发电系统，可为小镇提供每年约 1.8 兆瓦的清洁电力；
- 混合生物质发电站：利用小镇周边丰富的生物质（茶渣、农林业废弃物）资源，建立混合生物质发电站，将为小镇提供每年约 5.5 兆瓦的可再生能源电力；
- 绿色交通：电动车和突突车以及配备的太阳能充电站（桩），为小镇居民提供更为便捷和清洁的出行方式。

这种新的低碳模式将为斯里兰卡的可再生能源发展起到示范作用。GEI 研发的“可再生能源规划工具”可以为可再生能源技术和政策提供更加全面的“成本—效益”分析，进一步促进可再生能源的发展。

2. 应对气候变化“南南合作”物资赠送

2015 年，GEI 与缅甸当地 NGO 合作，在中国绿色碳汇基金会和美国布莱蒙基金的共同支持下，在缅甸 Than BaryaKhone（TBK）村开展可再生能源示范项目。GEI 在了解村民需求的基础上，挑选了包括 180 台清洁炉灶和 180 套户用太阳能照明系统等在内的可再生能源产品捐赠给 TBK 村，并由英利公司捐赠 1 套太阳能水泵。清洁炉灶的广泛使用也可以帮助减少传统炉灶带来的碳排放，使得居住地周边空气得到改善。太阳能灯改善了原先单纯依赖蜡烛照明的情况，太阳能水泵也让村民可以获得干净的水。

国家发展改革委应对气候变化司（现为生态环境部应对气候变化司）、缅甸环保林业部、中国驻缅甸使馆的重要官员组成代表团，赴TBK 村对 GEI 的示范项目进行了深入考察，肯定了项目的显著成果。TBK 村的示范项目为缅甸自然资源与环境保护部选择最为适用缅甸农村地区的中国物资及其参数提供了参考和借鉴，也促成中国国家发改委将相关清洁炉灶加入对缅甸的捐赠物资名单。该示范项目促成了中缅两国政府签署了《应对气候变化“南南合作”物资赠送谅解备忘录》和《补充协议》。参考 GEI 在缅甸 TBK 村的捐赠物资种类，中国政府将向缅甸捐赠了 5000 套100W 的太阳能户用发电系统以及 10000 台清洁生物质炉灶，以帮助缅甸农村地区在改善生活条件、增加能源供给的同时减少毁林和碳排放，促进中缅两国

2017 年 3 月，中国气候变化事务特别代表解振华和缅甸自然资源与环保部部长吴翁温出席 GEI 组织的中国赠送缅甸应对气候变化物资交接仪式。

在应对气候变化领域的合作。

2017 年 2 月 27 日至 3 月 2 日，中国气候变化事务特别代表解振华及相关政府官员一行赴缅甸，考察部分受赠社区，通过入户座谈和村民大会的形式，了解受赠社区村民使用清洁炉灶和太阳能照明设备的反馈情况，并参加中国赠送缅甸应对气候变化物资交接仪式。为了使气候物资更加的可持续，GEI 与 4 家缅甸当地 NGO 合作， 向缅甸林业司申请了清洁炉灶和太阳能户用发电系统各 300 台，由 NGO 以低于市场的价格出售给有需要的村民，并将出售设备的收益用于帮助社区成立社区基金。在政府间物资赠送的基础上，GEI 与缅甸当地 NGO 在缅甸农村开展更大规模的社区应对气候变化实践和推广。第一期示范的推广涵盖缅甸 4 个省 / 邦位于 4 个关键生物多样性保护区域的16个林业社区，通过推广可再生能源的应用、帮助社区开展森林保护和生计发展、建立社区保护与发展循环基金等方式，帮助3000多户贫困村民应对气候变化带来的挑战，使气候援助物资产生可持续的环境社会影响。

3. 气候变化“南南合作”物资赠送项目效果评估

自2011年起，依托中央财政每年安排的应对气候变化国际合作经费，国家发改委应对气候变化司（现为生态环境部应对气候变化司）向小岛屿国家、最不发达国家以及非洲国家无偿赠予节能和可再生能源产品。截至2020年10月底，已与34个国家签订了37份应对气候变化物资援助谅解备忘录，赠送物资包括LED灯、节能空调、LED路灯、太阳能光伏发电系统、清洁炉灶、微小卫星等设备。

随着气候变化“南南合作”项目的不断增多，对已完成的物资援助进行合理的追逐、评估和反馈，是确保和指导后续项目能够更有效和更可持续的重要手段之一，也有助于更好地支撑中国的国际气候谈判立场。正是在这样的背景和客观需求下，2017年，GEI和国家发改委国际合作中心一同承担了应对气候变化司关于“气候变化‘南南合作’物资赠送项目效果评估”的课题研究。该研究项目旨在制定一套适用于中国气候变化“南南合作”物资赠送项目的评估指标和方法。

GEI与国际合作中心作为该课题研究项目的执行机构，负责对已开展物资赠送的国家项目进行档案梳理，选择有代表的6个国家和物资类型进行案例评估。我们希望制定物资赠送项目效果评估指标和方法，梳理对外援助相关管理规定和国际上相关的评估案例研

获赠中国应对气候变化太阳能光伏发电设备的尼泊尔山区学校

究，并开展相关的国内和国外实地调研，包括对受援国物资赠送项目实施企业、受援国项目签约部门和相关物资发放和安装机构、中国驻外使馆进行访谈，以及对最终物资使用地区和受益方的实地考察和问卷调查，了解物资的发放和使用效果等。最终，我们将撰写气候物资援助项目的评估报告，并为未来气候变化物资赠送项目的开展提供政策建议。

4. 促进中缅竹产业交流与合作

2016 年，GEI 启动了为期两年的“发展缅甸竹子产业以实现森林保护和农村经济增长”项目，旨在促进中缅政府和企业间的政策交流和技术转移，实现缅甸竹产业发展，改善当地社区发展模式，以减少森林砍伐等环境问题，进而推动竹产业发展作为当地新的经济增长点。对此，GEI采用了两种方式，以促进双方的交流合作，即“政府间合作交流”与“企业间合作交流”。我们希望未来可以通过两个层面的科研合作、商业交流、政府交流和其他培训活动，进一步推动缅甸的绿色发展。

中缅“政府间合作交流”

- 2014年，GEI在缅甸举办竹子发展研讨会，讨论和分享中缅竹业发展经验；2015年至2017年，GEI多次推动中缅双方相关政府部门就林业发展开展交流对话。
- 2017年5月，缅甸自然资源与环保部四名官员，赴华参加中国国家林业局竹子研究开发中心举办的竹子加工技术培训。本次培训活动，加强了中缅双方政府官员和技术专家的沟通和交流。

中缅林业合作取得新突破

2006年，中缅两国同意实施“云南省对缅甸木材矿产合作管理暂行办法”，旨在管制非法木材贸易发生率较高的陆路口岸。2014年，缅甸政府开始全面禁止原木出口，并寻求中国方面对此项政策的支持与配合。2015—2016年，在GEI和中国林业科学院的协调下，中国国家林业局与缅甸资源环保部开展了多次互访交流与对话磋商，其它参与方还包括中缅双方的海关部门和林业行业协会。在这一过程中逐渐增进了对双方政策的了解和互信。2015年9月，云南省开始暂停从陆路口岸进口缅甸木材。中缅双方两国林业谅解合作备忘录的商榷工作也在同一时间展开。暂停陆路进口的举措极大地减少了中缅边境非法木材贸易。据英国环境调查署（EIA）2016年上半年的一份报告，中缅非法木材贸易在2015年10月至2016年3月期间大幅下降。2017 年 4 月 10 日，缅甸总统吴廷觉访华并签署了包括中缅林业谅解合作备忘录在内的 9 个经济发展和能源技术合作项目。谅解合作备忘录的签订，标志着中缅双边林业合作和可持续木材贸易出现新的发展方向。

中缅“企业间合作交流”

- 2016 年 10 月 23 日至 24 日，应国家林业局竹子研究开发中心的邀请，由缅甸竹藤商会、NGO 和中小企业组成的六人代表团赴中国浙江和安徽进行了考察交流。在 GEI 的协调下，代表团走访了多个竹产品加工制造企业，学习了中国竹子种植、竹制品加工和商业发展模式，探讨了潜在的合作。
- 2017 年 5 月 8 日至 15 日，GEI 能源与气候变化项目组赴

缅甸林业司官员向中方考察团介绍缅甸使用的林场木材采伐来源信息标记。

缅甸进行了为期 9 天的竹业考察，对缅甸竹子资源、砍伐模式和加工利用情况进行了调研。调研期间，GEI 对缅甸竹子商业开发情况进行了可行性分析，并与缅甸林业司司长、地方林业部门官员、竹藤商会负责人、竹子加工厂老板、NGO 从业者、农户和家庭手工作坊成员等进行了交流，了解他们的具体需求和合作意愿。

- 2017 年 9 月 18 日，GEI 受邀参加缅甸主办的“2017 世界竹子日”活动。活动期间，GEI 与参会者一起分析讨论了东南亚各国竹产业发展概况，并参观了缅甸当地企业和手工作坊的竹产品展销会。

为了帮助竹子成为缅甸可持续发展的重要组成部分，中缅双方必须继续推进政府间和企业间的对话与合作。未来，GEI 将进一步加强缅甸和中国政府间的政策交流，并寻求新的资金来源。同时，我们也将与缅甸企业合作，更好地了解其对竹林管理和竹子加工利用技术的需求，并为其对接相关中国企业，实现资金和技术的转移。

能源与气候变化项目实践经验

通过上述在气候变化领域的“走出去”项目，我们深切感受到，在海外执行项目的过程中，首先要与当地的政府部门、研究机构、民间组织等利益相关方紧密合作，依托当地的合作方来共同开展项目；其次，要将中国以及国际上应对气候变化与绿色低碳发展的方法和实践，与当地国的政策和创新商业模式相结合，依据当地的国情进行本土化改造、示范和推广，形成一套适合于当地可持续发展的路径。我们希望通过“走出去”的项目，共同推动中国及东南亚、南亚等地的环境保护和可持续发展。

三、生态保护和社区发展项目“走出去”

GEI 缅甸社区协议保护案例

1. 项目简介

社区协议保护机制（Community Conservation Concession Agreement, CCCA），是北京市朝阳区永续全球环境研究所（GEI）在过去的 16 年时间里，从国外引进，在国内示范、改进和创新的一种保护模式。其概念是指在某个需要保护的区域，通过利益相关双方或几方（政府、企业、当地社区或个人等）签署协议的形式，把保护权和有限开发权赋权给不同的利益相关方，缓解人类活动对生物多样性和栖息地的破坏，防止生态系统的沙化退化等，解决保护方和居民从自然中取得经济利益与环境产生冲突的问题，缓解企业开发与环境保护和居民利益间的矛盾。同时，由于当地社区的参与，提高了社区居民对自己土地的热爱和关注，解决了政府作为单一保护方的角色，形成一套新的生物多样性保护模式。从 2005 年至今，GEI 已经成功在中国四川、宁夏、内蒙古和青海等多个西部省份及缅甸等国家开展了 CCCA 的示范和广泛推广，为中国自身和中国“走出去”到其他发展中国家解决生物多样性保护和发展提供了新的模式借鉴。

2015 年，GEI 与中国绿色碳汇基金会、缅甸政府以及缅甸春天基金会（Spring Foundation）合作，帮助缅甸开展可再生能源示范项目，项目地点选择在仰光—内比都高速公路中段的 TBK 村。在与村民进行交流了解当地用能需求，以及对中国适用技术产品研究后，我们精心挑选了包括清洁炉灶、户用太阳能照明系统、太阳能水泵等在内的可再生能源产品捐赠给 TBK 村，并在开展社区薪柴林种植的同时，帮助 TBK 村成立专门的委员会，建立社区发展基金，通过村民缴纳使用费投入社区基金，用于后续设备维护及其他村发展项目。这一示范项目成功建立了可持续的、社区主导型示范模式，并促成了中国政府对缅甸进行包括太阳能照明系统和清洁炉灶在内的、价值 330 万美元的南南气候物资援助。我们希望中国气候变化"南南合作" 基金能够把该模式推广到其它不发达地区。因此，通过沟通，在对这个示范项目考察之后， GEI 希望把此示范项目的基本理念传递到缅甸的其他非政府组织。

在 TBK 项目的基础上，GEI 决定继续与缅甸政府和 NGO 合作，一方面扩大 CCCA 模式在缅甸社区的应用规模，另一方面加强当地 NGO 的项目执行能力。同时，项目里引入了中国向缅甸捐赠的南南

2015 年 10 月，GEI 与缅甸村民讨论社区保护计划。

气候变化物资，保证该援助在当地的可持续运作。2016 年，GEI 在美国布莱蒙基金的支持下，与包括社区发展行动协会（Community Development Action，简称 CDA）、缅甸环境研究所（Myanmar Environmental Institute，简称 MEI）、缅甸林业协会（Myanmar Forestry Association，简称 MFA）和生态保护与社区发展倡议协会（Ecosystem Conservation and Community Development Initiative，简称 ECCDI）在内的 4 个缅甸 NGO 合作，在缅甸 4 个省 / 邦的 16 个社区内开展 CCCA 项目（目前已经增加至 27 个社区），覆盖多个生物多样性地区和珍贵生态系统。目前，CCCA 项目共帮助缅甸保护森林资源 10917 英亩（已扩展至 21500 英亩），推动社区 15683 人参与环境保护和发展可持续性生计的活动。

GEI 在缅甸掸邦建立的社区协议保护地。

表 1 GEI 缅甸首批 CCCA 项目基本情况

机构名称	项目地所在省 / 邦	社区名称	家庭数量	人口数量	社区保护地面积（英亩）
ECCDI	掸邦	Ya Gyi	380	1880	673
ECCDI	掸邦	Ah Le Gyaung	280	1394	405
ECCDI	掸邦	Lay Ywa	180	870	1405
CDA	勃固省	Yae Aye	227	1100	1184
CDA	勃固省	Innwaing Gyi	160	665	4000
CDA	勃固省	Bantbway Gone	78	316	
CDA	勃固省	Thanbyar Khone	354	1584	3000
MFA	德林达依省	Khanti	292	1643	50
MFA	德林达依省	Pyin Gyi	121	695	
MFA	德林达依省	Kalarma Kaung	123	639	
MFA	德林达依省	Taung Khaung Laung	80	416	
MFA	德林达依省	Pyin Bu Nge	189	1336	
MFA	德林达依省	Maw Phyar	50	290	
MFA	德林达依省	U Yin Kan	38	197	
MEI	实皆省	Winkone	370	2155	200
MEI	实皆省	Kyatt	115	503	
合计	3037	15683	10917		

2. 项目合作伙伴介绍

全球环境研究所 GEI

在本项目中，GEI 作为整体牵头、策划、组织与能力建设的支持机构。全球环境研究所（Global Environmental Institute，简称 GEI）是一家中国本土的非政府、非营利性组织，于 2004 年 3 月在北京成立，2013、2017 年和 2020 年年被评为“4A 级社会组织”。

GEI 的总部设在北京，项目点分布于中国及其他发展中国家。我们与政策制定者、企业家、研究人员和民间团体、地方社区一起，共同推动中国及东南亚、南亚、南美洲和非洲地区的环境保护和经济可持续发展。

GEI 致力于将传统的环境保护、生计改善和资源节约的方法，与政策推动和创新商业模式相结合，使项目成果延续到项目之外。同时，GEI 也注重从本土视角推动气候变化、生态保护和绿色投资等议题的国际合作。GEI 期待与你携手，为后世创造一个可持续的美好世界而努力。

生态保护与社区发展倡议协会（Ecosystem Conservation and Community Development Initiative，简称 ECCDI）

ECCDI 是一家基于会员制的非政府、非营利性的缅甸本土环境保护机构，2006 年由多位林业司前任官员组织成立。主要工作领域包括生态系统资源管理、野生动物保护、生态农业发展以及可持续社区发展等。目前，ECCDI 共有固定会员 250 名。

ECCDI 的宗旨是保护缅甸森林资源和恢复缅甸自然环境，同时通过与政府、社区和其他社会组织等利益相关方的合作，开展研究、政策倡导和生计发展等活动，保证缅甸自然资源的可持续性利用，提高农村社区的居民收入。

社区发展行动协会（Community Development Action，简称CDA）

CDA 成立于 2014 年，是Spring Fund Group 旗下一家正式注册的缅甸非政府组织，于 2016 年正式更名为 CDA。CDA 同时也是缅甸环境修复网络（Myanmar Environmental Rehabilitation Network，MERN）的会员协会之一，拥有由林业专家、政府前任官员以及林业专业研究人员等组成的专业团队。CDA 将和政府、社会组织、社区一起，为建造一个团结、和平、欣欣向荣的缅甸贡献自己的力量。

缅甸林业协会 （Myanmar Forest Association，简称 MFA）

MFA 成立于 2013 年，拥有 405 名会员和 21 名执行理事会成员，包括政府前任官员和高级林业学家。作为一个缅甸本土非政府、非营利性的环境 NGO，MFA 在环境保护上拥有丰富的工作经验和热忱的公益之心。同时，MFA 也是 MERN 的成员组织之一。MFA 与众多政府委员会保持着密切的工作关系，包括社区林地国家工作组（Community Forestry National Working Group）以及国家水资源委员会顾问小组（Advisory Group of National Water Resources Committee）。

缅甸环境研究所（Myanmar Environmental Institute，简称MEI）

MEI 主要工作方向包括环境社会保障、减缓气候变化以及气候变化适应等。MEI 的宗旨是识别和分析人为和自然环境问题，并评估与这些问题相关的风险，研究解决这些问题的替代方案。MEI 的大部分成员是地理、经济、植物学、动物学、生态学和工程学的前任和现任大学院士。MEI 还致力于与国际组织合作，加强环境保护，促进可持续发展。

3. 与各合作伙伴的项目实施内容

3.1. 与 ECCDI 合作项目

社区	Ya Gyi	Ah Le Gyaung	Lay Ywa
地理位置	Ywangan 乡，掸邦，缅甸		
地理坐标	20° 55'41.8"N 96° 32'09.5"E		
项目家庭数量	380	280	180
项目参与人数	1880	1394	870
保护地生态系统	混合落叶林		
珍稀物种资源	120 多种树种，绿孔雀、鹿、陆龟、穿山甲等动物		
社区保护地面积（英亩）	673	405	1405

缅甸掸邦拥有丰富多样的森林生态系统和珍稀野生动物，然而，自 1989 年以来，由于过度耕作和建设开发，当地森林面积大幅减少。2016 年，作为 GEI 的合作伙伴之一，ECCDI 帮助缅甸引入 CCCA 模式，并开始在 Ywangan 乡的三个村庄开展试点项目，开展恢复退化的森林和发展社区可持续生计的活动。

保护活动

在启动研讨会之后，来自 YaGyi、Lay Ywa 和 Ah Le Gyaung 社区的所有成员都参与到该项目中来，并与当地总务部签署了为期 30 年的社区保护特许权协议。结合 CCCA 模式和当地社区林业政策，ECCDI 项目通过开展社区居民定期巡护和恢复造林活动，保护了 2483 英亩森林。

社区发展活动

为提高社区发展能力，ECCDI 组织了能力建设培训，加强社区居民种植竹子、财务记账以及制作竹子手工艺产品的能力。社区种植了 13200 棵咖啡和 1850 根竹子，并购买发放了 78 只猪仔用于发展可持续生计。同时，在自然资源和环境保护部的支持下，75 个清洁炉灶和 75 个太阳能照明系统被发放到项目社区， 再加上 GEI 帮助支持的资金，社区一共建立了 16000 美元社区保护与发展小额信贷基金，支持可持续地保护生态环境并使之发展升级。

3.2. 与 MFA 的合作项目

社区	Kanti	Pyin Gyi	Kalarma Kaung	Taung Khaung Laung	U Yin Kan	Maw Phyar	Pyin Bu Nge
地理位置	Palaw 乡，Myeik 区，德林达依省						
地理坐标	13° 10'21.5"N 98° 33'33.9"E						
项目家庭数量	292	121	123	80	38	50	189
项目参与人数	1643	695	639	416	197	290	1336
保护地生态系统	红树林						
珍稀物种资源	超过 10 种不同的红树林品种，包括 2 种珍稀物种						
社区保护地面积（英亩）	50						

缅甸拥有 2000 多公里的沿孟加拉湾的海岸线，在 Tanintharyi 地区拥有丰富的红树林。它为野生动物提供栖息地，也为当地居民提供食物、木材和屋顶材料。然而，由于农业的扩大和人口的快速增长，2002 年红树林减少了大约 50%。保护红树林，促进社区可持续发展迫在眉睫。外交部在 Khanti 和 Pyinbuge 群岛的 7 个村庄开展了项目。

保护活动

每个社区分别成立了村发展委员会（Village Development Committee, 简称 VDC），以组织村民参与保护和发展社区经济。在签署为期 5 年的社区保护特许权协议后，每个社区协助开展天然红树林恢复活动，面积达到 100 英亩。在恢复区内，村民仅可以使用红树林的树枝、碎片等作为家用的薪材。同时，社区在 Pyin Bu Nge 岛周围建立了 50 英亩的红树林保护区， 划出边界，树立标志牌，并由村民进行监督管理。

社区发展活动

MFA 在社区开展了红树林螃蟹养殖培训和基础记账培训，以提高当地村民发展可持续生计的能力。在 VDC 的组织下，社区建立了一个螃蟹养殖试点，从时间、投资和技术角度分析其推广的可行性。同时，随着社区保护和发展小额信贷基金（目前本金为 65000 美元）的成立，MFA 和社区制定了牲畜养殖和螃蟹养殖的商业计划，以探索多样化的生计发展。

3.3. 与 CDA 的合作项目

BagoYoma 山区拥有丰富的柚木和其他商业硬木资源，为当地野生动物和社区居民提供了重要的自然资源。然而，过去 50 年来，

社区	Yae Aye	Innwaing Gyi	Bantbway Gone	Thanbyar Khone
地理位置	近仰光到内比都高速公路 91/3 至 104 英里处			
地理坐标	18° 12'34.3"N　96° 26'53.4"E			
项目家庭数量	227	160	78	354
项目参与人数	1100	665	316	1584
保护地生态系统	常青、半常青和落叶林以及竹林			
珍稀物种资源	柚木、亚洲象、野牛等			
社区保护地面积（英亩）	1184	4000	3000	

由于非法伐木、木炭制造和工业规模化的非法开采，BagoYoma 的森林面积极速减少。为了保护宝贵的森林资源，2016 年，CDA 引入了 CCCA 模式，通过“自下而上”的方法，从社区层面保护森林资源，促进可持续发展，进而推动缅甸政策发展。

保护活动

在 CDA 的协助下，四个社区各自签署了一份禁止村民进行非法采伐、参与非法木材贸易和偷猎的保护特许权协议，并鼓励他们向当地森林部门报告非法行为。CDA 的项目，加强了政府、私营公司、非政府组织和当地社区的合作，并划定约 8184 英亩的森林作为社区保护地。同时，CDA 发起社区参与森林恢复和农林业项目，并建立学校、培训当地人、帮助他们建立了 6.7 英亩薪材种植园。

社区发展活动

作为缅甸的第一个试点社区，TBK 村从缅甸养殖和渔业部申请获得 3000 万缅元（约合 23000 美元）的贷款资助，并已经将贷款发放给村民支持当地可持续发展。与此同时，GEI 和 CDA 也提供相应的资金支持，帮助其他三个村庄分别建立自己的社区保护与发展小额贷款基金（总投入约为 13000 美金）。

3.4. 与 MEI 的合作项目

AlaungdawKathapa 国家公园是缅甸最大的公园，拥有丰富的自然资源，包括重要的生态系统和珍稀物种。然而，如今邻近社区的采伐和木材采伐以及公园内非法偷猎活动，使生态受到很大影响。为了保护这里的关键生态系统，MEI 采用 CCCA 模式开展了试点项目，旨在让当地社区参与保护和促进可持续发展。

社区	Winkone	Kyatt
地理位置	Yinmarpin 乡，实皆省	
地理坐标	22° 15'32.8"N 94° 40'36.5"E	
项目家庭数量	370	115
项目参与人数	2155	503
保护地生态系统	常青树林、混合落叶树林、山地森林	
珍稀物种资源	亚洲象、豹、印度野牛、水鹿、亚洲黑熊、缅甸蟒、猪獾、马拉西亚穿山甲、太阳熊等	
社区保护地面积（英亩）	200	

保护活动

MEI 组织了一个初始研讨会，介绍 CCCA 模型并讨论每个社区的具体保护特许协议。根据已签署的协议，制定了包括环境教育和森林恢复在内的行动保护计划。国家公园边界附近 200 英亩的土地被保存为社区保护地。同时，为减少非法木材采伐，GEI 和 MEI 还在 MoNREC 的支持下，向这些社区捐赠了干净的炉灶和太阳能照明系统。

社区发展工作

通过向受气候变化物资捐赠的家庭收取使用费用，每个社区建立了自己的社区保护和发展小额信贷基金，共 4700 美元，用于支持当地农民购买农作物种子和雇佣耕种人员。MEI 还帮助社区制定商业计划，向 GEI 申请另外 5000 美元资金资助，以促进可持续发展。

4. 将南南气候合作纳入社区保护模式

2017 年 4 月，为了加强 GEI 南南气候合作援助物资的有效使用，推动缅甸社区保护的实践示范，在 GEI 的倡议下，缅甸森林司为 GEI 的缅甸社区项目预留了 300 个清洁炉灶和 300 个家用太阳能照明系统，通过当地非政府组织分发给项目社区。这些气候援助物资不仅可以促进农村地区的可再生能源的发展，而且还可以作为建立和发展社区保护和小额信贷基金（简称为“社区基金”）的“敲门砖”。

在发放气候物资之前，合作机构和社区委员会会讨论每个炉灶和照明系统的最低报价，并鼓励感兴趣的居民提交申请。在审查这些申请后，社区委员会根据家庭收入和个人信用来选择物资接收人。所有通过气候援助物品收集的资金都将捐献给社区保护与发展小额基金，以便可持续地支持社区的保护和发展项目，使社区协议保护项目和中国气候援助物资发挥最大的效益。

本项目将南南气候合作纳入社区协议保护模式，也将气候变化援助物资作为社区保护和可持续生计发展的“敲门砖”，为中国南南气候变化合作基金（SSCCF）和潜在的外援项目提供一个运营模式的样本和相关的经验，使中国气候变化援助产生影响力并实现可持续性发展。

气候援助物资的分配情况和通过项目收集的资金数额请参见下表：

机构名称	社区名称	太阳能照明系统		清洁炉灶		总数	总价
		数量	单价	数量	单价		
CDA	Yae Aye	35	150,000缅币	35	15,000缅币	70	5,775,000缅币
	Bantbway Gone	14	150,000缅币	15	15,000缅币	29	2,325,000缅币
	Innwaing Gyi	22	150,000缅币	22	15,000缅币	44	3,630,000缅币
	TBK Library	1	捐赠	0	-	1	-
	Bantbway Gone monestry	1	捐赠	0	-	1	-
	Field/ Nursery	1	-	1	-	2	-
	Reserved for community	1	-	2	-	3	-
	小计	75		75		150	11,730,000缅币
ECCDI	Ya Gyi	25	150,000缅币	25	15,000缅币	50	4,125,000缅币
	Alechaung	25	150,000缅币	25	15,000缅币	50	4,125,000缅币
	Layywa	25	150,000缅币	25	15,000缅币	50	4,125,000缅币
	小计	75		75		150	12,375,000缅币

MFA	Pyin Bu Nge	10	20,000 缅币	10	5,000 缅币	20	250,000 缅币
	Maw Phyar	10	20,000 缅币	5	5,000 缅币	15	225,000 缅币
	U Yin Kan	10	20,000 缅币	5	5,000 缅币	15	225,000 缅币
	Taung Khaung Laung	10	20,000 缅币	10	5,000 缅币	20	250,000 缅币
	Ka La Ma Khaung	15	20,000 缅币	10	5,000 缅币	25	350,000 缅币
	Khanti	10	20,000 缅币	20	5,000 缅币	30	300,000 缅币
	Pyin Gyi	10	20,000 缅币	15	5,000 缅币	25	275,000 缅币
	小计	75		75		150	1,875,000 缅币
MEI	Winkone	42	150,000 缅币	41	15,000 缅币	83	6,915,000 缅币
	Kyatt	33	150,000 缅币	34	15,000 缅币	67	5,460,000 缅币
	小计	75		75		150	12,375,000 缅币
	合计	300		300		600	38,355,000 缅币

5. 未来项目计划

本项目成功地将 CCCA 模式引入缅甸，并得到当地非政府组织、社区以及政府官员的支持和积极反馈。在第一阶段的项目基础上，GEI 将继续执行项目的“三部曲”计划，使 CCCA 这种创新模式可以持续扩大示范。

在第二阶段，GEI 计划扩大 CCCA 项目的规模，并将更多的缅甸社区纳入示范中。2018 年 1 月，GEI 和 4 个本地环境 NGO 分别向关键生态系统伙伴关系基金提交了项目申请书，申请总资金 399000 美元，开展缅甸 CCCA 第二期项目，获得批准。在关键生态系统合作基金 (Critical Ecosystem Partnership Fund，简称：CEPF) 的支持下，GEI 和 NGO 将把项目扩展到主要生物多样性区域内或附近的 11 个社区，包括 Moyingyi 野生动物保护区、AlaungdawKathapa 国家公园、Myeik 群岛和 InleLake 野生动物保护区，并将社区保护地增加到 21500 英亩。目前，扩大项目已经在缅甸全面展开。

第三阶段，GEI 将主要侧重于开展缅甸社区参与式森林保护机制的总结研究。2021 年初，GEI 联合国内和东南亚 8 个国家的 11 家 NGO 发起了“东亚—东南亚社区保护网络”。

6. 国际化的经验总结

在本项目向缅甸的引进及实施过程中，我们取得了一些重要经验，主要有：

一是充分结合当地的实际情况，将模式进行了本土化的灵活运用。GEI 在 2005 年从南美洲的秘鲁引入协议保护，经过了长达 16 年的本土化和实践，取得了丰富的经验。协议保护根据中国的土地权属和政治体制，引入了经济发展的重要内容，以社区为重点开展示范实践，形成中国本土的社区协议保护机制。同样，当我们将这个模式引入缅甸时，并非照搬中国模式，而是在充分细致的调查基础上，根据缅甸乡村社区缺乏电力且毁林严重的实际情况，结合缅甸气候变化的国家自主贡献 NDC 目标以及社区林地制度，以能源替代并修复林地保护生物多样性为主，开展缅甸的社区协议保护模式，实现了模式的缅甸本土化，使其迅速被当地接受和认可。

二是充分依靠当地的力量开展项目，培训当地政府和居民的操作能力。GEI 虽然具有丰富的社区保护经验和知识，但从来不会代替当地人作为项目行动的主体，项目的实施工作绝大部分是依靠当地人的力量。任何一个国家和地区，其生态保护和社区发展都必须依赖当地人自己的努力。GEI 正确认识自己的角色，将自己当做技术和资源的引进者、引导者和协助者。在项目规划和实施中，平等对待当地的 NGO 和社区，与他们充分协商，并将知识、技术和能力传授给他们，由他们主导整个工作的实施。因此，缅甸的 NGO 和地方政府，以及当地社区获得了实际的技能。这样，既能减轻 GEI 的工作量和成本，也能与当地建立真正的信任关系，获得政府和民众的一致支持。

三是促进多利益相关方共同参与。在项目实施过程中，从设计到实施，我们既以当地的社区为主导，管理自己的事务，也培养当地的 NGO 成为技术和服务的提供方，使其成长起来。同时，我们也与缅甸当地政府、林业部门等合作，使其理解并加入合作，支持社区开展工作。此外，GEI 也帮助引入商业公司，解决当地的经济发展瓶颈。多利益相关方的共同参与，形成了以社区为中心的多元治理的格局。各方在合作中分清权利、责任和义务，相互了解，使社区项目形成合力。

四是积极响应国家的政策和需求。GEI 生态保护项目"走出去"，不但结合发改委的"南南合作"气候物资援助项目，使其落到社区，并将其与社区保护与经济可持续发展结合起来，改变了以前中国单纯的给物资援助模式，使援助既可以向深度发展，又能体现出明显的长远效应。在项目实施过程中，一方面，我们缓解了缅甸农村的电力等能源问题，使其减少了砍伐树木，保护了生态系统和生物多样性；另一方面，又帮助社区发展经济，解决贫困问题，使当地从保护中获得收益。这一与民生息息相关的项目形式，使缅甸政府和民众都切实感受到来自中国的帮助和作用，成为“一带一路”软实力建设的重要体现。作为邻邦，缅甸与中国的友好是中缅两国长治久安的关键。

四、海洋保护“走出去”

GEI 在 2018 年启动海洋保护项目，在过去三年中，我们传承 GEI“走出去”的传统，将 GEI 的“走出去”项目在海洋领域进行拓展。针对当前海洋保护面临的危机和挑战，GEI 制定海洋保护策略，通过保护关键海洋生境和践行可持续的利用方式，保护海洋生物多样性，实现海洋健康。GEI 希望通过努力，能够推动蓝色海洋的绿色可持续发展之路。GEI 正在联合不同层级的管理部、科研院校和非政府组织等共同开展关键海洋生境保护，推动关键海洋物种的保护和可持续渔业发展，守护海洋健康。

保护关键海洋生态系统

红树林是生产力最高的海洋生态系统之一，发挥着减缓和适应气候变化、维系生物多样性和促进绿色经济增长等多重效益。从极度濒危的玳瑁到濒危的孟加拉虎，再到 5 千万迁徙鸟类，中国—东盟区域的红树林是众多生命生活的天堂，同时，其防风消浪的功能保护着沿海居民免受/降低极端天气带来的破坏性影响。

中国—东盟区域是全球红树林分布最主要的区域之一，分布着全球约33%的红树林，每年固碳量达300万吨，在帮助应对气候变化方面有着不容忽视的作用。而从1990年到2020年，全球红树林面积减少了104万公顷，近十年红树林每年消失的面积约21200公顷。而东盟区域的红树林从2000年至2019年整体都呈下降区域，造成东盟区域红树林消失的主要原因为与人们的生产生活和经济发展相关的围塘养殖、水稻种植、棕榈油生产及薪材毁林。如果红树林消失和退化的趋势得不到改善，几乎所有未受到妥善保护的红树林都将在百年之后消失。

红树林景观

自20世纪四十年代，全球范围内已经失去超过35%的红树林，并且红树林仍在以每年1%—2%的速率消失。根据我们的初步研究，中国—东盟区域除了中国，其余东南亚国家的红树林均在以每年0.25%—20%不等的速率减少。而对于中国，虽然得益于红树林种植修复工程，红树林面积在增加，但外来物种入侵和病虫害的侵扰同样威胁着红树林生态系统的健康。

GEI从2018年开始推动政府、科研院校、非政府组织构建多利益相关方来共同保护中国—东盟区域红树林走廊，主要涉及印度尼西亚、菲律宾、缅甸、泰国、柬埔寨、马来西亚和中国等国家。

2019年8月31日，由GEI和气候变化全球行动秘书处，及泰国自然资源与环境部海洋与海岸资源司等多家单位联合主办“中国—东盟区域红树林生态廊道”联盟/平台的搭建讨论会，邀请了来自中国、泰国、缅甸和美国等国家的专家出席，会上初步达成一致，各方未来将共同努力来筹资各种资金和联结各方力量，支持红树林生态廊道的修复和保护工作。

2019年12月12日，GEI与气候变化全球行动秘书处、中科院科技战略咨询研究院联合在联合国气候变化大会COP25的“中国角”举办了“中国—东盟合作共同应对气候变化”主题边会。边会向国际社会展示了中国在基于自然的解决方案——红树林保护方面的工作成果与经验，促进了中国与东盟国家关于气候适应与减缓的交流对话。

2020年10月，GEI先后分别与缅甸的缅甸林业协会以及印度尼西亚的Yagasu Foundation展开合作，通过探索社区参与红树林保护的模式，为推动中国—东盟区域红树林保护提供案例。在缅甸旨

2019 年 8 月，气候变化全球行动联合主席解振华等和 GEI 一起走访泰国拉廊红树林保护区。

在通过探索社区自主参与保护行动，推动位于 Tanintharyi 省 Myeik 区 Khanti，Pyin Bu Nge 和 Pyin Bu Gyi 岛的七个社区，实现 1925 公顷红树林的保护；而在印度尼西亚则将通过在东爪哇岛的 Dringu 和 Tangsi 两个社区，实现 1110 公顷红树林有效保护修复的同时，提升妇女参与保护行动的角色。

目前，GEI 正在与多家单位紧密合作，并与中国—东盟相关国家的红树林管理部门开展协调工作，希望该保护行动倡议能够得到更多国家的支持，以开展一系列多元化的以红树林保护为主的试点保护项目，共同保护红树林。

2019 年 12 月，GEI 与气候变化全球行动秘书处、中科院科技战略咨询研究院共同举办“中国—东盟合作共同应对气候变化”大会，国家发改委国际合作司巡视员李海岩、中国科学院科技战略咨询研究院副院长王毅等出席。

推动中缅可持续渔业双边合作

渔业是以各种水环境为基础的产业，其水环境自然特性受气候变化的影响显著，随着气候变化的加剧，渔业生产力和渔业资源的分布将会发生改变。因此，在气候变化的影响下，推动渔业的可持续发展成了当前各国面临的挑战。渔业在整个东亚和东南亚区域，占据着举重轻重的作用。在缅甸，渔业是其国民经济的重要来源，水产品消费量已占到缅甸家庭月平均消费量的 12%。中国一直是缅甸水产品主要出口国。

目前，GEI 正积极与中缅渔业专家合作，共同开展中缅渔业合作分析，同时也将积极开展中缅渔业交流与实地考察，以及缅甸社区渔业可持续发展社区试点可行性研究，最终形成中国渔业“走出去”政策建议。

五、GEI“走出去”项目实践反思

毋庸多言，在实施项目中，我们也面临了一些挑战，甚至有着失败的教训。首先，由于在国外实施项目，国内的政府、民众尤其是基金会等捐助方要理解并支持项目，会面临很大的困难。GEI需要更多地解释我们工作的意义，游说更多的资源支持我们在海外的工作。一如当年国际组织到中国实施帮助，我们希望中国能够更加全面地担负其在国际上的责任，提升在世界各国特别是民众心目中的形象。

其次，需要更加细致的协作和帮助。欠发达国家和地区由于制度不完善，经济社会发展水平相对较低，因此在项目的规划、资金的申请、实施技术和能力等方面，都非常欠缺。这就需要GEI具备极大的耐心，深入工作，大到与缅甸政府的谈判，小到竹子的种植，都需要考虑周到，要引进专家，要进行手把手的培训。能力的培训不是一两天的事情，需要持续长久地进行，因此也需要细致地做好当地相关利益方的工作，甚至是以退为进，才能取得实际的进步。工作中，我们同样会遇到当地人的一些误解甚至不合作的行为，只有以当地的利益为中心来考虑问题，细致地工作，才有可能成功地实施项目。同时，GEI需要加强自己的能力，制定战略，并与当地政府和民间开展全方位的合作。

再次，带动更多民间力量走出国门共同工作，是极大的挑战。

GEI 虽然成功实施了部分工作，但面对国外庞大的需求，中国民间力量显得较为薄弱。因此，只有培训中国 NGO 的能力，让他们有能力、有方法、有资金共同“走出去”开展实际工作，从而形成中国的民间力量，这样，才可能促进与当地各个层面的友好合作。

最后，在过去的十几年中，GEI 通过“走出去”开展项目，积累了大量宝贵的经验。未来，我们希望能够带动更多的中国民间组织，吸引更多的社会和企业的力量，共同关注环境和发展议题，为可持续发展贡献力量。

中国生物多样性保护与绿色发展基金会公益国际化实践的经验与积累

王　静　黄姝雅　周晋峰
中国生物多样性保护与绿色发展基金会

中国生物多样性保护与绿色发展基金会(简称“中国绿发会”“绿会”），是经国务院批准成立、中国科学技术协会主管、民政部登记注册的全国性公益公募基金会，是全国性一级学会，长期致力于生物多样性保护与绿色发展事业。

为了推进国际传播能力建设、讲好中国故事、传播好中国声音、中国绿发会依托自身专业特点和资源优势，创新社会治理，积极推动生态、绿色的“一带一路”倡议及人类命运共同体的理念，有效地参与到全球环境治理中去。

本文将就十个方面来分享中国绿发会公益国际化的实践与经验。

一、“引进来”，深度吸纳国际人才

在公益国际化实践的道路中，吸纳国际人才是非常重要的一部分，绿会对这方面工作亦非常重视。积极吸纳国际人才，是绿会开展国际化生态环保工作的重要方式，这也为绿会深入了解国际主流思想、开展国际沟通协调工作提供了便利。吸纳国际人才的方式主要有两个方面，一是邀请国际相关领域专家担任绿会顾问，指导并深入参与绿会工作。目前，绿会已聘请联合国秘书长办公厅全球契约办公室高级官员杜晖贤（Frederick C. Dubee）教授、中国科学院热带植物园研究所景观生态学研究组组长胡丽诗（Alice C. Hughes）副教授、以及国际知名环境保护者与鸟类专家唐瑞（Terry Townshend）等加入绿会顾问团队。他们不仅可以给绿会带来更广泛的国际视角和最新的国际动态，还可以在我国承办的国际会议中代表绿会进行发言，传播中国的生态环保理念与行动。另一方面，绿会积极吸纳在华学习的国际留学生、在海外学习工作的华人/华裔志愿者、外国大学生等加入绿会志愿者队伍中，在给他们提供更广泛的参与国内外生态环保领域机会的同时，也指导他们成为中外环保交流的友好使者。

吸纳国际人才参与绿会并形成积极的互动，可以以较低的成本为双方带来更多的机遇与发展空间，实现双赢，效果显著。国际人才代表绿会参加各项国际会议并发言，是公益国际化具有代表性的展现，对于推动绿会自身在国际领域的影响力也具有十分积极的效果。

二、“走出去”，积极拓展国际交流空间

当前，我国社会组织“走出去”的情况尚不普遍，特别是

NGO（Non-Governmental Organizations）在“走出去”方面普遍缺乏经验。绿会的“走出去”之路，在当前看来取得了良好效果。除了前文所提到的“引进来”政策的促进作用，中国绿发会还成立了“走出去”办公室，通过整理、汇编中国企业在“走出去”的过程中所遇到的生态环保领域典型案例，根据国际环保形式，请各大企业提供借鉴与指导。此外，绿会大学生发展工作委员会（简称“绿大”）的成立也是绿会响应“走出去”理念的重要一步。中国绿发会大学生环保社团交流会源于大学生志愿者的提议，能够连接各高校环保社团，同时，能展示大学生志愿者为环保事业积极行动、热情奉献的风采。“绿大”的成立，旨在服务各高校公益与环保类社团，征集优秀环保项目进行资金、技术等支持，宣传生物多样性保护与绿色发展，并向全国、全世界进行推广。具体措施包括推荐中国留学生参与国际会议、介绍国内优秀学生在国际机构任职、与国际机构员工进行互换加强了解等等。这些措施，给绿会及绿会在国内、国外的广大大学生志愿者带来了深度了解、参与国际事务的契机。

正因为国内外广大大学生群体广泛地进行国际交流，使得绿会可以在中国国内外会议、活动中及时、有效地发出自己的声音。2017 年，绿会受邀参加联合国粮农组织（FAO）《粮食和农业植物遗传资源国际条约》（ITPGRFA）第七届理事会，联系到一位乌干达环保组织代表参加会议，同时获得观察员身份，并在会上进行了重点发言。

从北美洲的联合国总部到欧洲的意大利罗马国会的网络直播，到非洲乌干达的粮农组织会议……通过绿会建立的国际合作伙伴关系，以及广泛分布在世界各地的绿大代表，绿会将这种工作方法推广到了世界，给予了留学生和民间环保组织的年轻成员更多的学习与实践机会，以较低成本取得出色效果，一举三得，值得推广。

三、主动加入具有影响力的国际组织

绿会积极主动加入主题鲜明切题的国际机构，这是绿会深度参与国际事务、拓展国际影响力的重要方式。

随着我国深度参与各项国际事务，绿会也积极主动融入与机构理念相匹配、与机构发展相契合的国际机构之中，展现来自中国公益组织的优势。以罗马俱乐部为例，这是一个关于未来学研究的国际性民间学术团体，也是一个研讨全球问题的智囊组织。罗马俱乐部最初是没有中国籍成员的，绿会秘书长周晋峰博士在莫里斯·斯特朗等多位好友的引荐下，成为罗马俱乐部的新成员。在周晋峰博士的不断推动和影响下，2018 年夏，罗马俱乐部中国委员会（The Club of Rome China Chapter）正式成立。在同年 10 月举行的罗马俱乐部执行委员会（Executive Committee）最新一届选举中，周晋峰博士高票当选为罗马俱乐部执行委员会委员。本届执委会在全球范围内共选举 12 人，而周博士的当选，无疑将为绿会带来更多国际合作，同时，绿会的参与也会给罗马俱乐部带来更多来自中国生态环保领域的新思想、新力量。

在这场双赢合作中，公益组织把中国公益的优良思想“带出去”，将国际机构的优秀特点“引进来”，绿会也积极邀请其他国内外公益力量与人员加入，一同为公益国际化大目标的实现进行努力。绿会的参与给国际机构带来了来自中国的声音和意见，效果显著。在中国电动汽车百人会论坛峰会、中国发展高层论坛和中国环境与发展国际合作委员会等系列高层决策会议期间，绿会支持并引荐罗马俱乐部的高级别成员在北京大学做重要报告，对罗马俱乐部新出版的书籍进行推广、介绍等，这些双向的互动，使双方实现了价值、获得了资源，进而形成了良性循环。这不仅是公益国际化的表现，也是双方对资源、能力的互相认可。

四、建立高层对话，通过中国故事传递共同理念

绿会积极主动参加各种高级别的环境相关活动，例如，联合国粮农组织（FAO）的《粮食与农业植物遗传资源国际条约》（ITPGRFA）、联合国环境署（UN Environment）的《濒危野生动植物种国际贸易公约》（CITES）、《保护野生动物迁徙物种公约》（CMS）、《国际重要湿地公约》（RAMSAR）、《生物多样性公约》（CBD）、《联合国气候变化框架公约》（UNFCCC）缔约方大会等等），并在这些活动中搭建高层对话桥梁，为多渠道讲述中国故事、让世界了解中国建设生态文明取得的成就奠定基础。

向世界更好地介绍中国。绿会从过去的经验可以很清晰地看到，与联合国等国际组织主要负责人直接交流，对相关工作开展具有明显且高效的推动作用。2015 年，联合国《生物多样性公约》（CBD）执行秘书长迪亚斯博士应绿会邀请，来中国庆祝麋鹿回归 30 周年，亲眼见证了中国在生态文明上的建设成就，大加赞赏。2016 年，联合国《保护野生动物迁徙物种公约》（CMS）执行秘书长钱伯斯博士应绿会邀请来华，召开生态“一带一路”与迁徙物种公约研讨会，

建立合作对话平台。2018 年，绿会邀请全球生物多样性信息服务网络平台（GBIF）执行秘书长 Donald Hobern 博士来华，GBIF 与绿会共同举办“十亿数据”暨中国濒危物种（中华穿山甲、白鳍豚）信息录入成果发布会。2019 年，绿会主办，并联合国粮食及农业组织（FAO）、《粮食和农业植物遗传资源国际条约》（ITPGRFA）等支持举办的“农业生物多样性主流化与粮食和农业植物遗传资源国际条约”讨论会召开，对推进中国加入《粮食与农业植物遗传资源国际条约》（以下简称条约）起到了重要的推动作用。2020 年在新冠疫情影响下，基于前期积累联络资源，绿会通过网络会议的方式，聚焦野生动植物国际贸易与保护等话题，在国际交流和对话中更加频繁发声，形成了持续影响力。

开放坦诚、开诚布公、传递正能量的态度与做法是绿会国际化工作的重要核心。

在绿会的优势项目——环境公益诉讼和国际环境法方面，绿会与国际学术机构、民间与政府组织等进行多渠道合作。绿会与联合国开发计划署（UNDP）签订为期 3 年的关于“促进中国公众环境权益”合作研究协议，共同推进中国的环境保护。绿会秘书长加入“世界环境公约”专家组成员，推动联合国和世界各国建立环境国际公约。在与美国佛蒙特法学院的合作中，绿会为其提供了大量的数据，并接受了研究生的咨询和课题讨论。

此外，项目与学术研究互相促进的方式，也让绿会发出更多的权威声音，特别是在国际重要期刊发表论述，如绿会副秘书长 Alice Hughes《关于生态‘一带一路’沿线生物多样性》论文在世界权威期刊《生物保护》（Biological Conservation）上发表，绿会研究人员参与撰写关于中华对角羚的基因组学的国际合作论文在知名国际学术期刊上发表等。

五、兼收并蓄、求同存异

在新思路的引领下，绿会扩大自身对“一带一路”沿线国家的了解优势，吸引并指导中国更多的“走出去”企业，以生物多样性保护与可持续发展为前提，实施在地建设工作。在与各沿线国家公益组织的交流中，绿会发现，需抱有求同存异的态度，重中之重是抓住主流、使民心相通。

以中国绿发会良食专项基金（以下简称良食基金）为例。“良食”在正式成为绿会专项基金之前，重要工作内容是推广健康饮食。通过与绿会的接触，他们进一步认识到健康饮食对于生态环保、可持续发展的重要意义，这与绿会向来宣传推广的理念高度一致。因此，绿会吸纳了良食基金，使其成为绿会重要的一部分，在双方深度合作的同时，也表达出符合双方理念的共同诉求。绿会良食基金成立后，形成更大合力，随着彼此导入良好资源，开展了具有广泛影响力的活动，比如促使耶鲁大学、北京大学、南方科技大学等几所有影响力的大学联合开展了一系列良食讲座，使得耶鲁大学对中华饮食文化、中国大学生餐饮情况有了新的认识，也使得以耶鲁大学为代表的西方良好饮食与环保理念得到更多传播。正是这种兼收并蓄、求同存异的做法，使得绿会良食基金成为中美机构积极、良性互动的典型代表。

六、勤奋的行动

任何一项工作想取得成效，都离不开勤奋的行动。绿会特别重视宣传工作在公益国家化中所展现出来的积极作用。在中文宣传方面，绿会的微信平台和公众号在《南方周末》每周的榜单中文章数均为第一，每天 8 篇文章、每周 50 多篇文章的产出量，让在中国的很多国际机构代表、办事处，能够非常快速、详细地了解绿会所开展的各项工作，并从中发现合作契机。

在国际宣传方面，绿会在官网上开辟了英文页面，也开通了脸书（Facebook）、推特（Twitter）、领英（LinkedIn）等以英文为主导语言的社交媒体账号，将中文内容不断摘译、发布在英文平台上。通过切切实实的每一项工作，绿会得到了国际社会的普遍认可，也认识了更多志同道合的伙伴。

广泛的信息量带来了大量的业务往来，推动了绿会合作项目的进一步对接、联系、立项。例如，首届国际绿色设计大会，就是该项目的合作伙伴根据绿会所展示的宣传信息，积极与绿会主动联系并开展的。

以领英（LinkedIn）网为例。绿会在领英网上发布的文章经常有上千的阅读、点赞和评论量，这不仅仅在国际范围内宣传了自己，更重要的是由此产生了很多业务的交流和互动。这种高效丰富的宣传手段是扩大工作范围和使公益走向国际化的重要途径。

七、多渠道建立广泛的合作机制

联系校友、华人社团、兄弟组织，与其他组织机构建立合作机制，并共同朝着有意义的方向发展，也是公益国际化的重要途径。广泛交流能够带来更多跨界合作，达到意想不到的良好效果。

与国际同行联合举办大规模、高规格的会议，是建立广泛的合作机制的有效途径。2018 年 6 月 7 日，绿会与南非当地物种保育组织和华人社团共同主办“2018 中非野生动植物保护合作论坛”，不仅邀请了中国驻南非大使的参与，还通过向当地环保组织捐赠追踪器等方式建立了具体项目的合作对接。

2018 年 9 月，绿会作为特别支持方，与联合国总部举办了“第 67 届联合国新闻部 / 非政府组织全球峰会暨中国改革开放 40 年与联合国可持续发展高峰论坛”。绿会秘书长在前往纽约联合国总部出席第 73 届联合国大会（UN General Assembly）期间，参加了由联合国开发计划署（UNDP）主办的可持续发展分论坛（SDG Side Event）。在联合国任职的校友和华人团体的帮助下，绿会在联合国参加的各项会议、开展的各项联络工作，效率得到了大幅度的提高，收获了广泛好评。

八、抓住机遇，参与全球环境治理

绿会认为，国际交流很有必要。绿会自始至终努力地抓住机遇，积极参与到全球环境治理中去。如：

1. 推动生态文明国际化。2018 年，绿会秘书长周晋峰建议将人类命运共同体和生态文明写入《世界环境公约》；2019 年再次建议将“生态文明”作为联合国《生物多样性公约》缔约方大会第十五次会议（CBD CoP15）主题，获积极采纳。

2. 积极推荐相关人才在国际组织任职、加入国际专家组，如罗马俱乐部、世界绿色设计组织、《世界环境公约》、世界自然保护联盟、《生物多样性公约》科咨机构、生物多样性和生态系统服务政府间科学与政策平台（IPBES）等等。

3. 推动“中华保护地”获得国际认可。2018 年初，位于中国西藏的两个暗夜保护地在绿会的推荐下，被列入“世界暗夜保护地名录”。与此同时，向国际介绍“中华保护地”，使得国际同行越来越多地了解、认识、认可和学习来自中国的好故事、好经验。

4. 在国际平台积极谏言发声。绿会发挥作为世界自然保护联盟（IUCN）成员机构，积极发挥成员功能，所提交的《调整传统医药实现社会和环境可持续性 （Adopting Traditional Medicine to achieve social and environment sustainability）》提案于 2020 年获世界自然保护联盟（IUCN）成员投票表决通过，充分发挥了话语权。

九、迪拜经验

以上各方面的经验，在绿会参加在迪拜举行的联合国《国际重要湿地公约》第十三次缔约方大会（Ramsar CoP13）期间，得到了良好的应用。我们在此称之为“迪拜经验”。

主要有以下几个方面：

1. 在 Ramsar CoP13 大会筹备期间，绿会主动与主办方取得联系承办分会，通过分会的举办，充分、系统、详细地展现了绿会在湿地特别是条子泥湿地领域的工作，传达了条子泥入选国际重要湿地的建议与声音；

2. 邀请国际专家、中国科学院热带植物研究所景观生态学研究组组长胡丽诗（Alice C. Hughes）副教授，在分会上以绿会顾问身份做主题发言，与会场嘉宾展开对话；

3. 绿会代表在会议休息期间主动找到《公约》秘书长进行交流，秉承着勤勉的工作态度，给《公约》秘书长留下了深刻的印象，为后续深入合作奠定了基础；

4. 在与大会进程不冲突的情况下，绿会代表团在会后向多个国家的政府机构介绍了中国的非政府组织在生态环保领域，特别是条子泥湿地的做法与成效；

5. 在参会期间，还积极与朝鲜政府代表团负责人、乌干达政府代表团负责人取得了联系。会议结束后，绿会在北京与朝鲜政府代表团负责人再次见面、深谈，并收到了对方关于共同举办观鸟大赛的邀请，为中朝双方的民间合作奠定基础。

社会创新成为中国民间国际交流的新主题
——以“友成企业家扶贫基金会”公益实践为例

零 慧
友成企业家扶贫基金会秘书长

一、友成基金会的国际视野

友成企业家扶贫基金会成立于2007年，英文全称为Youchange China Social Entrepreneur Foundation。这个英文名称中蕴含了深刻的国际化基因，或者说代表了基金会创始人的意愿和初心。

Youchange既是“友成”的谐音，也表达了推动变化的美好期冀：希望通过社会创新给这个世界带来更好的改变。其次，社会企业和社会企业家是一个全球通行的概念，但在友成基金会成立之初，在中国依旧是个非常新的概念。友成基金会在成立时就确定将其作为自己的英文机构名称，至少表达了两层的含义：第一，友成希望成为在中国倡导社会创新、推广社会企业和社会企业家精神的引领者；第二，通过这一共同语言，成为中国民间国际交流、走向国际的重要参与者。

友成基金会创始人王平理事长不仅有丰富的在政府、企业的工作经验，并且在海外留学期间，对西方社会也有深刻的思考和洞察。着眼于人类社会普遍面临的问题，她提出了“成为推动人类社会更公平、更有效率、更可持续发展的重要力量”这一宏大愿景。在“影响力投资”这个外来概念传入中国的时候，她提出了“社会价值投资”这个既包含了“影响力投资”的含义，并且在语义上也更准确的概念，并围绕这个概念提出了社会价值投资“三 A 三力标准”，成为友成在影响力投资领域和国际交流的主要话题。

友成基金会副理事长汤敏先生是著名的经济学家，曾有较长时间的海外留学的经历，并长时间以首席经济学家的身份在国际机构工作。投入公益领域以来，他敏锐地把握住国际上慕课革命的兴起，将其应用至中国乡村教育和中国乡村发展。这一社会创新的成果也成为联合国 SDGs 实现的成功经验而在国际上分享。

值得强调的是，在现任理事会中，70% 以上的理事具有海外工作或学习经验，使友成不仅保持了全球视野，更将国际化实践不断推进。在友成的团队中，具有国际化背景的一线员工达到了 55%。

自成立以来，友成基金会与跨国企业、国际基金会、国际合作网络、高校、研究机构等开展了大量形式多样的合作——包括接受海外资金和物资的捐赠，合作成立专项基金，加入国际组织成为会员，合作开展跨国项目，邀请国际嘉宾参加国内活动，出席国际会议等。随着基金会自身能力的成长和国家社会组织走出去的整体战略提升，友成正在制定国际化发展的相关战略——打造来自民间的中国声音、中国面孔、中国智慧、中国助力。友成力争发展成为一个有国际影响力和国际运作能力的创新型基金会。

二、社会创新成为公益国际交流的主题

社会创新成为公益国际化的主题，是伴随着经济全球化的发展和遇到的各种挑战而勃兴的。人类进入 21 世纪以后，特别是随着互联网技术的发展，经济全球化进入了高速发展时期，面临着各种挑战和社会压力，表现在：第一，贫富悬殊进一步加剧，导致社会矛盾骤增，各种保护主义和民族主义开始回流；第二，环境的压力进一步增大，气候问题和全球气候变暖带来的威胁迫在眉睫；第三，环境或各种不明原因导致的疫情也在全球化的网络里，给人类带来了前所未有的挑战，疯牛病、禽流感、猪瘟、埃博拉病毒以及新冠肺炎相继发生。

2000 年，联合国提出千年发展目标，2015 年又提出可持续发展目标，正是对这些全球性问题的应对。中国政府在 2020 年提出的中国在 2060 年实现碳中和目标，以及在 2021 年宣布的脱贫攻坚目标的实现，无疑在全球都具有示范效应。这表明，在不同的目标背后，体现的是对社会问题的同样关切，即对人类社会可持续发展问题的关注，以及对创新地解决这些社会问题的孜孜探索。

友成认为，只有社会创新可以有效应对这些顽劣问题，只有全球共同努力，才能解决这些全局性的问题。社会创新，是用新的观念、新的视角和新的方法去发现和解决长期存在的社会问题，以此推动社会进步的过程，是目标、方法和行动的统一。在 2010 年，友成基金会提出了“新公益七大趋势”，首次比较完整地指出了社会创新的内涵、边界和方法，这七大趋势包括：倡导新理念、开拓新领域、发现新动力、整合新资源、尝试新方法、采纳新技术、成就新人才。

具体而言，以社会价值最大化，实现更公平、更有效率、更可持续发展为目标；在方法上，发现未被解决的社会问题和未被满足的社会需求——新需求，发现未被充分利用的资源——新资源；通过资源的优化配置，创造效益最大化的商业模式、运营模式——新模式；从而实现社会利益相关方的共赢，带来创新改变。

这解释了为何在国际形势非常纷杂的今天，在反全球化声浪迭起的过程中，为什么可持续发展目标会成为人类共同的目标和语言，为什么社会创新会成为全球社会津津乐道的话题。这也说明了，可持续发展已经成为人类命运共同体的纽带，而社会创新则是实现可持续发展目标的重要选择。

友成的愿景是“探索中国公益创新之路，成为推动人类社会公正和谐发展的重要力量”，这决定了友成在社会创新之路上的使命和责任。经过数十年的发展，中国的公益实践已经具备了多个主题、多种形态，并且也具备了国际双向交流的思想资源和实践资源。

三、友成以社会创新为主题的民间国际交流历程

从公益对公益组织的要求而言，和国际公益组织之间的学习、交流和倡导都是必然的选择，这样才能起到建设人类命运共同体的作用。而鉴于友成基金会本身的基因和使命，这一功能就显得更为突出。友成的国际交流始终伴随着友成的成长，并且也反映出发展的特点，即从早期的学习、消化和推广为主，到后期的创新、交流为主。

2007 年 12 月，友成支持国内社会企业家赴香港、日本、韩国

考察，并组织“域外归来话社会企业”主题论坛，邀请考察归来的人士分享见闻、交流经验。

2009 年 3 月，友成支持英国大使馆文化教育处主办的“社会企业家技能培训”正式启动，通过培训，发现并支持了中国第一批社会企业家。

2009 年 10 月，时任友成基金会秘书长作为“中国非公募基金会赴美考察代表团”成员，参与了为期 12 天的美国当代慈善界访谈之旅。

2009 年，友成资助中央编译局比较政治与经济研究中心翻译了《慈善资本主义：富人在如何拯救世界》《社会企业家的战略工具：提升企业型非营利组织绩效》《探求社会企业家精神》《社会部门中的企业家精神》等四本著作，并于 2011 年由社会科学文献出版社正式出版，首次将国外先进的社会创新理论及实践理念引入中国。该译丛已经成为很多行业内专家案头的工具书。

2010 年 10 月，友成组织公益领域专家团深入考察孟加拉农村发展促进委员会（BRAC）所建立的 BRAC 大学，以及诺贝尔和平奖获得者尤努斯教授创立的尤努斯中心和格莱珉银行。

2011 年 6 月，友成组织“民间应灾管理高级研修班”赴中国台湾地区进行考察学习，了解当地灾害管理网络构建情况、学习台湾地区的灾害管理经验；同时通过视频会议与日本救灾民间团体交流灾后重建经验。

2013 年 8 月，友成考察以色列的创新生态业态，探寻创新精神的互补合作机遇。同年 10 月，走访新加坡的 AVPN 等数家社会创投机构，并就社会企业、社会价值投资等相关方面问题进行了深入的调研和考察。

2013 年 10 月，友成基金会理事长王平女士应邀赴泰国曼谷参加第四届亚洲非政府组织创新峰会（The 4th Asia NGO Innovation Summit），分享友成基金会在社会企业孵化方面的成功经验以及遇到的挑战；随后，又走访考察了新加坡社会创投机构，调研新加坡社会企业、社会价值投资的发展情况。

2014 年 3 月，友成基金会与麻省理工学院斯隆管理学院共同主办“斯隆—友成企业与社会论坛”。同年 9 月，联合华民慈善基金会等机构共同主办“践行社会价值投资、激活社会创新生态——社会价值投资国际研讨会”。

2014 年 5 月，零慧秘书长受邀参加 British Council 在美国迈阿密举办的世界高等教育走向全球峰会 Going Global——Innovation、Inclusion、Impact，受邀介绍友成如何在高校中开展社会创新创业教育。

2015 至 2017 年，友成获得《斯坦福社会创新评论》在中国的唯一官方授权，组织翻译了杂志相关内容，并结合中国本土成果，出版《社创客》及《社会创新评论》杂志，以中国社会组织杂志增刊的形式进行出版发行，触及到大量基层社会组织。

2015 年 11 月，友成基金会汤敏副理事长参与 2015 年 WISE 大会（世界教育创新峰会）分论坛圆桌对话，与来自不同国家的专家共话教育创新。

2016 年 7 月 5 日，友成基金会理事长王平女士受邀参加二十国集团民间社会 (Civil Society 20, C20) 会议，在“消除贫困与民间贡献”平行议题讨论会上发表主旨演讲《跨界创新，使扶贫减贫更有效》，介绍友成在减贫发展领域的实践和思考，向大会发起 SPPP 以及社会价值投资的倡议。同年 12 月，秘书长零慧在韩国釜山举行的 2016 国际社会企业论坛——社会金融的前景和趋势（International Social Enterprise Forum 2016，Social Finance：Prospects and Trents），介绍《中国社会价值投资报告》的主要研究成果。12 月，理事长王平、秘书长零慧、社会价值投资联盟秘书长白虹出席在荷兰阿姆斯特丹召开的 2016 全球社会价值投资者年度峰会（GIIN Investor Forum 2016)。王平理事长作为中国的唯一代表应邀参会，并在“Foundation’s involvement in impact at differing stages with differing methods”主题研讨会上发言，分享了友成基金会和社投盟在推动社会价值投资、打造社会创新生态方面的经验和做法。

2017 年 3 月，零慧秘书长受邀出席在葡萄牙里斯本举行的 2017 第五届全球专业志愿服务峰会（5th Global Probono Summit 2017），介绍友成的专业志愿服务经验。

2017 年 4 月，友成考察美国硅谷的创新孵化器和数家创新型企业，参加在克莱蒙召开的生态文明国际大会。

2017 年 11 月，应发展研究院（Institute of Development Studies, IDS）及中国社会科学院社会学所的邀请，友成出席了在英国布莱顿举行的“健康与社会照护”创新工作坊。王平理事长在“创新：系统与技术”论坛上作了题为《调动社会资源推动创新》的发言，向与会嘉宾阐述了友成基金会的愿景及使命，以及创立十年来的重要成果和社会创新典型案例。

2018 年 4 月，友成基金会零慧秘书长在 ABAC（APEC Business Advisory Council，APEC 唯一官方认定的工商组织）会议上分享中国电商人才创业就业培训的实践经验。

2018 年 7 月，支持优秀社会企业家参加社会价值投资联盟（深圳）发起的“GO · SU 闯成社创独角兽”项目，赴美国硅谷奇点大学学习，为其提供“科技 x 商业模式 x 社会问题 x 资本”的支持体系，培育并引导下一代影响中国社会的新经济企业。

2018 年底，中国社会组织促进会、联合国经济和社会理事会（The UN Economic and Social Council，ECOSOC）的鼓励中国民间非政府组织申请加入联合国咨商的认证；经过一年多的努力，2019 年 7 月，友成通过非政府组织委员会成员国的审核，获得联合国经济和社会理事会“特别咨商地位”（Consultative Status with the UN Economic and Social Council），正式成为联合国 NGO 体系中的一员。获得“特别咨商地位”意味着友成可以向联合国提交报告和数据、参加 ECOSOC 的所有会议，并可在国际事务中发挥更大作用。2019 年 11 月 22 日，友成参加了联合国总部组织的获有咨商资质组织的线上学习。线上同时有 200 名参会人员，大部分来自非洲。在本次活动上，友成分享了 2020 年即将开展的女性赋能、公平教育、帮助残疾人等扶贫项目，这些项目与多项联合国可持续发展目标相关。

2019 年 5 月初，友成副理事长汤敏、秘书长雾慧出席了“英国诺丁汉大学发展中国家经验互鉴：全球化与在地的创新与企业家精神研讨会”，介绍友成在脱贫攻坚中如何利用互联网发挥集合影响力，进行乡村大规模人才培养的经验。

2019 年 9 月 4—5 日，友成受邀请出席了河内东盟会议。本次会议围绕创新、科技、扶贫和可持续发展等话题进行了讨论与案例分享。在圆桌会议上，友成代表展示了在中国的实践与创新扶贫模式。带给参与人学习分享的机会，之后参会者与友成代表探讨了互相学习和探索国际合作的机会与挑战。

2019 年 10 月 23—31 日，友成参与了瑞士发展中心在深圳举办的会议。会议邀请了多家知名组织和卓越的社会创新企业家。会中分享了社会企业家的成功案例，一起探讨社会企业在中国的发展方向。在 31 号内部会议，瑞士发展中心决定将在 2020—2030 年发起对亚太地区社会企业的增值于支持计划，并携手本次参与组织一起推广社会创新，探索社会企业发展的模式和给与国际资源对接的相关话题。

2020 年 3 月，友成秘书长零慧接受国际在线 CRI 专访，分享基金会在抗击新冠疫情方面的经验。2020 年 8 月，在玛氏互惠经济学基金会与中国美国商会联合举办的“后疫情时代企业商业策略转变”研讨会上，友成基金会秘书长零慧与与会嘉宾探讨企业如何重塑其商业模式，以创造对社会及环境友好的经济效益。2020 年 9 月 9 日，在由中国国际民间组织合作促进会主办的“后疫情时代人道主义援助与志愿服务论坛”上，友成基金会副理事长汤敏就“专业志愿服务引领社会创新”议题发表主旨演讲，友成基金会秘书长零慧在“后疫情时代的专业志愿服务发展”圆桌论坛上与与会嘉宾探讨共建良性志愿服务生态的意义。

2020 年 12 月，友成基金会与英国诺丁汉大学商学院合作“中国社会社生态系统与乡村振兴”研究课题，并在随后的成果汇报研讨会上，分享友成“香橙妈妈大学”女性电商赋能项目助力乡村女性脱贫致富、友成猎鹰项目企业“碧丽源”有机茶企助力云南沧源佤族脱贫的案例。

四、社会创新国际交流的三个典型案例

案例一：初期阶段，国际先进经验的引进和推广

2008年，友成基金会是中国首家支持英国大使馆文化教育处发起中国的“社会企业家技能项目”的基金会。

“社会企业家技能项目”是英国文化协会（在中国作为英国使/领馆文化教育处运作）发起并于2009年至2013年开展的一个大型全球项目，目前参与的国家包括中国、印度尼西亚、越南、菲律宾、日本、韩国、泰国、克罗地亚、格鲁吉亚、塞尔维亚、土耳其和乌克兰。该项目的目的是使民间组织从业者、社区领导、年轻人以及现有或潜在的社会企业家获得相关技能，从而通过社会企业的方式来满足社会需求并加强社区的建设。

2008年6月至2009年3月期间，英国大使馆文化教育处和友成企业家扶贫基金会共同举办了社会企业家技能项目的试点。来自全国各地的49名学员通过甄选，于2009年3月在北京参加了为期一周的封闭式培训。5名国家级培训师和1名英国专家受邀作为讲师参与了此次培训。项目的试点阶段设立了启动资金奖励机制，友成企业家扶贫基金会率先支持，设立了总额达50万元人民币的启动资金奖励。试点培训结束后，学员提交了正式的商业计划。经由专家评委审议后，筛选出了7份最优秀的计划，获得了“友成优秀社会企业奖”。同时，NPI公益组织发展中心还为其中两家位于北京的机构提供为期一年的孵化机会，包括场地、技术、资金与推广的全方位支持。

社会企业家技能项目于2009年6月进入正式运行阶段，在中

国培训了118名现有或潜在的社会企业家，培训的地点包括西安、上海、深圳、成都。友成企业家扶贫基金会在试点阶段的50万元项目启动资金奖励基础上，继续投入了100万元资助优秀社会企业项目；南都公益基金会也投入了100万元资金资助优秀的社会企业并侧重资助优秀的5·12灾后重建项目，推动灾害重建中社会企业类NGO的发展。经过严格评审，共有18家机构获得了总计200万元的资金支持。

中国社会企业的发展历程表明，当年的这个培训起到的作用是决定性的，它为中国的第一批现代意义的社会企业和社会企业家的实践者，提供从观念、思想到知识和能力的“启蒙”。

案例二：发展阶段，创新观念和理论的提出和实践

所谓创新，就是在总结以往经验和教训的基础上，提出新的思想、方法和方案。而在此过程中，新观念的提出一旦被社会接受，则是最有力量的。友成提出的“社会价值投资”以及“社会价值评估三A三力标准”不仅跳出公益界，已经成为主流市场领域的实践，而且引起国际组织的关注和称赞。在这个过程中，不仅分享了中国当代的创新思想，而且传播了中国优秀的传统智慧。

2007年，洛克菲勒基金会最先提出了“影响力投资”这一创新的投资概念，倡导资本通过有经济效益的投资来做公益。2010年，摩根斯坦利与洛克菲勒基金会联合发布了《影响力投资：新兴的资产类别》，把影响力投资界定为资产类别的一种，由此奠定了影响力投资在投资界和公益界的地位。

2013年，结合中国实际，在研究国外相关理念的基础上，友成开创性地提出“社会价值投资”概念，以期在主流商业界建立起义利并举的共识，引导耐心资本将资源投向用创新的方法解决社会问题、创造社会价值的“社会创新型企业”。友成认为，社会价值投资是投资领域的社会创新，旨在探索政府、市场、社会三方面跨界合作、协同创新的投资模式。它追求可测量的社会价值并兼顾经济回报的投资形式，为应对社会领域的融资困境提供了新的选择。

但新的价值观念需要新的价值标准。友成又提出了“三A三力社会价值评估标准”，从Aim（目标驱动力）、Approach（方法创新力）和Action（行动转化力）三个方面，系统评估一个组织或一个项目的价值。和传统的要素评估法相比，“三A三力”彻底解决了价值的生产动力、价值的形成机制和价值的生成体系三者之间的关系，因此“三A三力”是一个面向未来价值创造能力的评估体系，能更准确地评估一个组织可持续发展的能力。这是价值评估领域一次重大的理论创新。

2016年8月，由友成基金会联合中国社会治理研究会、中国投资协会、清华大学明德公益慈善研究院等领衔发起，近50家中外机构联合创办了社会价值投资联盟（深圳）。社会价值投资联盟是中国首家专注于社会价值（义利并举）投资促进的国际化新公益平台。

2017年，社会价值投资联盟协同国内外42家机构、68位专家，根据友成基金会研发的“三A三力”社会价值评估框架，充分借鉴SDG（Sustainable Development Goals）、ESG（Environmental, Social和Governance）等国际指标，完成对中国A股沪深300成分股上市公司的经济、社会、环境效益的综合评估，并发布了《发现中国“义利99”——A股上市公司社会价值评估报告（2017）》，该项目实现了三项全球首例：全球首次建立“社会价值量化评估标准”，全球首次对上市公司进行社会价值评估，全球首次生成社会价值模拟指数。2018 年 12 月，《发现中国“义利 99”——A 股上市公司社会价值评估报告（2018)》的中英文版同时发布，其包含的上市公司社会价值评级在 Wind 金融终端同步发布。

2018 年 9 月，友成基金会与社会价值投资联盟代表受邀赴纽约联合国总部参加第 73 届联合国大会的部分高层会议及内部研讨会，向联合国开发计划署（UNDP）全球影响力投资指导委员会（GSG）等机构负责人及土耳其、斯里兰卡等国外长介绍中国社会价值投资的情况。10 月，友成基金会与社会价值投资联盟代表受邀参加 2018 年 GSG 影响力峰会，与世界各地的政府高级官员和社会企业家讨论政府有关影响力投资发展的创新政策和战略的制定问题，并与 GSG 各国别级委员会代表交流各国影响力投资发展情况。

案例三：应用阶段，创新的大规模应用和分享

MOOC（Massive Open Online Course，大规模开放在线课堂）是一种针对于大众人群的在线课堂，允许人们通过网络来学习。2012 年，许多国际知名高校如哈佛大学、麻省理工学院、斯坦福大学等纷纷主导建立了在线教育平台，如 coursera、edX 等，将自己的部分课程通过互联网的方式提供给全球的受众。

基金会副理事长汤敏老师敏感地意识到慕课对于推动中国乡村教育和乡村发展的重要性，在各种场合进行呼呼，并率先在友成进行实践，在慕课技术的基础上，创新性地应用了集合影响力的原理，发动各种社会资源，共同打造中国乡村教育和乡村发展的赋能平台，为中国乡村扶贫和发展，做出了贡献。

在教育项目中，友成基金会通过将国际流行的MOOC模式与中国互联网基础设施相结合，于2013年启动了双师教学项目。该项目将中国人民大学附属中学、北京师范大学等机构的优质课程通过网络每日传输到乡村课堂，使学生在“双师（城市+乡村）”指导下学习，课业成绩迅速提升，教学成果显著提高。2017年9月，友成联合北京师范大学、沪江“互+计划”及国内30余家机构启动了乡村青年教师社会支持公益计划（简称“青椒计划”），借鉴国际“集合影响力” 概念，以互联网课堂的形式为乡村青年教师赋能，截至2019年12月已经覆盖23个省级行政单位、249个区县10000所学校的近6万名教师。2020年9月，“青椒计划”被更新为“特岗青椒计划”，专注于乡村特岗教师赋能，未来三年每年都有十万特岗教师参与这一有温度、有深度的培训项目。

在乡村脱贫和发展的项目中，作为公益行业探索电商扶贫领域的先行者，自2015年以来，友成基金会先后发起了“电商扶贫”“让妈妈回家”“乡村女性赋能计划”项目，通过将线上MOOC电商学习平台与线下集中培训、持续辅导孵化相结合，开始探索电商扶贫能力建设的创新解决方案，截至2020年底，已经直接培训19828人，直接影响了将近20000个家庭的生计。

友成在乡村发展领域的社会创新实践，也在国际上引起了广泛的关注。在APEC咨询理事会上介绍友成电商扶贫培训的模式；友成还在韩国亚太慈善峰会、中国—瑞士社创年度论坛、哥伦比亚大学中国展望论坛中分享友成社会创新的项目模式、社会实践与经验。2019年在英国诺丁汉大学分享了青椒计划和电商扶贫的成功经验。

五、推动公益参与民间国际交流的意义

公益至少有两种作用，第一，是作为补充力量解决社会问题，特别是具有顽劣性质的社会问题；第二，是作为社会粘合的力量，让社会整体更和谐、更信任、更相互连接。如果把全世界作为一个共同体，那么公益在建设共同体中的作用就更加重要，因为公益既没有政治上意识形态的纷争，也没有市场上经济利益的彼此竞争。

作为中国公益事业发展的参与者和见证者之一，友成基金会和其他众多公益组织一起，正朝着更加国际化的方向迈进。

首先，对于友成基金会乃至中国公益行业而言，学习国际先进经验是非常重要的一个环节。要特别注意把握中国特色的社会发展的真实需要与国际经验的衔接，不是全盘照搬和被动接受，而是要花大量精力在本土化和再创新上。从而才能避免国际经验的水土不服，真正使其为我所用，才能规避其带来次生社会问题的风险。

其次，无论是将国际创新项目引进中国，还是利用资金、物资等国际资源发展国内公益项目，中国公益组织都必须注重打造自身专业能力。这种能力着重体现在三个方面，一是能够基于资源禀赋提出社会目标，二是项目方案不断迭代创新，三则是将项目充分落实的行动力。这三方面的合一与匹配，是国际化实践得以顺利、持续开展的重要保证。

再次，扎根于中国社会，中国公益事业具有十分广阔的发展空间，也具有积累丰富经验的可能性。因此，中国公益组织要自信地“走出去”，与其他国内及国外组织协同与合作。

华民慈善基金会的国际化实践
——罗格斯大学社会工作学院华民研究中心

黄建忠[39]　冯　凌[40]

华民慈善基金会成立于2008年，初始注册资本2亿元，是当时中国大陆地区原始出资额最大的全国性非公募基金会。基金会的业务涵盖教育、养老、助残、扶贫、研究、行业推动和民间外交等诸多领域，涉及中国、北美、欧洲和东亚等国家或地区，成立12年来，累计公益支出超过3亿元人民币。在理论研究和国际研究领域，提出了从资本精神到资本共享的一系列创新理念，并出版了多本中、英文专著，很多观点都得到了行业和国际社会的认可，并形成了一定的影响力；在教育领域，实施了连续十年的大学生就业扶助项目，与全国近百所高校进行合作，用资金、培训和就业导师的多重方式，帮扶有需要的大学生成功就业，并推动了国家相关政策的出台。

39 罗格斯大学社会工作学院教授、华民研究中心主任。
40 华民慈善基金会副秘书长、华民现代慈善研究院副院长。

罗格斯大学创立于 1766 年，是美国第八所成立的大学，也是美国第一所公立大学，是美国新泽西州最大的高等学府。罗格斯大学社会工作学院成立于 1954 年，是全美最大的社会工作学院之一。学院以高质量与平价的教育为传统，致力于将具有热情和决心的学生培养成在政策、学术、临床实务及企业等领域的社会服务领导者。

罗格斯大学社会工作学院华民研究中心（Huamin Research Center，以下简称“华民研究中心”）成立于 2012 年，是华民慈善基金会在国际交流领域的重要实践，由美国罗格斯大学和中国华民慈善基金会共同发起支持。华民研究中心的使命是通过交流和研究，促进中美非营利组织的专业化发展，并加强个人、家庭和社会的福祉，为非营利性组织与社会工作培养新一代领导者，促进国际社会更有意义的变革。

华民研究中心自成立以来，已经编撰 4 本书籍、15 本慈善手册、40 份研究报告，以及 4 个中国的 NGO 的案例研究；在交流方面，华民研究中心已经举办 7 届中国游学方案和 5 次国际服务实习计划，中国游学方案已带领近 200 名美国教师和学生走进中国，许多参与者反映，这是一个千载难逢的体验机会。华民研究中心还成功开发并实施了 4 个培训课程，接待了 27 位来自中国的访问学者，为 4 名博士生及 20 多名社会工作的本科和硕士生提供了专业实习机会。

华民研究中心致力于通过交流、研究和奖学金项目，增进中美两国之间的双向交流。中心目前已与中美两国高校、研究机构与基金会进行合作并建立伙伴关系，并通过开发、分发一系列的专著、书籍和研究报告，来传播相关的研究成果。中心也致力于促进中国和美国学生与专业人员之间的相互学习和交流，每年都会定期举办国际性会议、交流与培训项目，并提供中国游学方案和国际服务实习课程。中心每年有数个博士与研究生奖学金，并接待来自中国的访问学者。中心希望通过这些项目，来鼓励中美两国间的交流，并推动在非营利组织管理与社会福利议题方面的跨国性研究。以下是对三项主要工作的介绍。

一、研究

在研究方面，重点集中在现代慈善与资本精神、非营利组织及社会工作议题方面。在现代慈善与资本精神的研究上，已翻译、编撰“资本与共享三部曲”及八篇关于现代慈善、资本精神与共享文明的专论，尤其是华民慈善基金会理事长卢德之博士的“资本与共享三部曲”在中美两国慈善界获得广泛的肯定。“资本与共享三部曲” 中的第一本书是关于资本精神的，书中重新定义了资本，呼吁运用积极的资本精神为社会发展做出贡献；第二本书是关于如何利用共享来治理资本的，在中美两国近年来资本与财富快速上升与美国最近的减税政策的背景下，这一点显得尤其重要；第三本书是有关共享文明的论述，此书远见卓识地提出了一个愿景，呼吁各国政府和人民应该拥有共享的价值和战略，并协同合作，为人类的未来共同努力。在图书策划制作过程中，中心访问了 50 多位慈善与非营利组织的意见领袖，他们对“资本与共享三部曲”都持非常正面与积极的评价。大家认为，在当前世界上，有一些国家走向民族主义、分裂主义和军事侵略，书中提到的观点可能成为我们未来的希望灯塔。例如，新能果协会（Synergos Institute）创始人及主席佩吉祥·杜拉尼，也是洛克菲勒家族的第四代意见领袖，认为图书将现代慈善诠释为资本和共享的强有力的结合，使人们相信人与人之间的共生关系和创造改变的可能性。杜拉尼非常认同这个观点，并相信唯有将我们的目标与行动立足于共同的价值观与互信上，才能回归文明的灵魂，创造一个更加美好的明天。世界生产力科学研究院院长托马斯·塔特尔博士对书中的论述亦表示赞赏，他回应道，“我很欣赏卢博士对同时威胁社会主义和资本主义经济社会稳定的严峻问题的分析及提出的建议”。

在非营利组织及社会工作议题上，华民研究中心与中美两国主要的高校与研究机构进行合作并建立了伙伴关系，通过合作科研、撰写论文与编写一系列的书籍、手册和研究报告来宣传我们的研究。中心在中国的研究合作伙伴有：

- 清华大学公益慈善研究院（北京）
- 中国人民大学劳动人事学院（北京）
- 中国人民大学社会工作学系（北京）
- 中国农业大学（北京）
- 北京师范大学社会发展与公共政策学院（北京）
- 北京师范大学中国公益研究院（北京）
- 中国社会科学院（北京）
- 北京化工大学文法学院（北京）
- 南开大学社会政策与社会工作系（天津）
- 复旦大学管理学院（上海）

- 复旦大学社会发展与公共政策学院（上海）
- 华东师范大学社会发展学院（上海）
- 上海大学社会学院（上海）
- 中山大学社会学与人类学学院（广州）
- 广东外语外贸大学社会与公共管理学院（广州）
- 华南理工大学公共政策与管理学院（广州）
- 中南大学哲学系（湖南）
- 西南财经大学社会发展研究院（成都）
- 北京师范大学珠海分校宋庆龄公益慈善教育中心（珠海）
- 香港大学社会工作和社会管理学系（香港）
- 香港教育大学大中华研究中心（香港）

华民研究中心和合作伙伴在非营利组织及社会工作议题上，已编撰了四本书籍。2012 年，《中美社会福利比较》一书比较了中美两国在各项社会福利政策上的一致性与差异性，包括儿童、老人、残疾人、心理卫生、家庭及住房政策等，由山东人民出版社出版发行。2013 年，《中美社会工作教育比较》比较了中美两国的社会工作教育与研究，由社科文献出版社出版发行。2014 年，编撰《中国非营利部门：进展与挑战（英文）》（*China's Nonprofit Sector: Progress and Challenges*），该书是第一本用英文介绍中国在过去二十年来在非营利部门的成长、及目前所面临的挑战的图书，由交易出版社（Transaction Publisher）出版发行。2015 年，编撰的《中美社会政策比较研究》一书中比较了中美两国的社会政策与研究，由社科文献出版社出版发行。

对于非营利组织及社会工作议题，中心也进行了深入研究，并已和合作伙伴撰写 45 篇研究报告及 4 个针对中国非政府组织的案例研究。研究的议题包括：志愿服务、非营利组织能力建设、社会企业、社会服务民营化、社会福利、儿童寄养、残疾问题、福利改革、公益信托、社会影响力投资、社会工作、流动与留守儿童、草根服务组织的透明度与治理、健康服务利用、税收与慈善制度、赠予文化与中国哲学、养老服务、家族基金会以及社区基金会。

华民研究中心也将相关议题与概念辑录在手册中，提供给实务界参考，已和合作伙伴联合制作 15 本中英文手册。议题包括：青少年志愿服务、强弱机危分析、美国非营利组织概览、战略规划、中老年人的志愿服务、培训与专业发展建设、社会企业、社会服务民营化、自闭症、慈善捐款、社会影响力投资、及公益信托与社会企业。（所有报告均可在华民研究中心网页下载，网址 https://socialwork.rutgers.edu/centers/huamin-research-center/publications）

二、交流访问

华民研究中心通过举办学术会议、培训、提供中国游学方案与国际服务学习课程，促进中国和美国学术与专业人员之间的相互学习交流。目前，中心已和合作伙伴成功举办 15 次学术会议：

- 2012 年 5 月 31 日：非营利组织在当前经济环境下的领导统御，北京师范大学中国公益研究院，中国北京。
- 2012 年 6 月 2 日：中美社会工作教育与研究，中国社会科学研究院，中国北京。

- 2013年6月8日：中美社会政策与社会工作比较，南开大学，中国天津。
- 2013年10月11—13日：第55届美国中国研究协会会议，罗格斯大学，美国新泽西州新布朗斯维克市。
- 2014年4月18日：劳动安全与社会保障，罗格斯大学，美国新泽西州新布朗斯维克市。
- 2014年6月5日：反贫穷战争：回顾与展望，中国人民大学，中国北京。
- 2015年5月31日：慈善与共享，清华大学，中国北京。
- 2015年11月1—3日：慈善与社会发展，罗格斯大学，美国纽约州洛克菲勒兄弟基金会波坎蒂克中心。
- 2016年5月29日：社会政策、非营利组织与社会发展，北京航空航天大学，中国北京。
- 2016年6月6日：儿童发展，南开大学，中国天津。
- 2016年6月13日：留守儿童的健康与发展，华北电力大学，中国保定。
- 2017年6月4日：非营利组织管理，南开大学，中国天津。
- 2018年5月7日：共享未来，新能果协会，美国纽约。
- 2018年5月8日：资本与共享，罗格斯大学，美国新泽西州新布朗斯维克市。
- 2018年10月27—28日：儿童和青少年社会创新服务，中国人民大学，中国北京。

在培训上，已和合作伙伴成功举办四次培训，内容包括培训技能证书课程（2012 年 12 月 6—9 日）、非政府组织领导力项目（2013 年 5 月 10— 20 日）、公共管理证书课程（2014 年 1 月 6—24 日）与领导力学习项目（2014 年 10 月 13—15 日）。

华民研究中心的中国游学项目是一个很受欢迎的项目。2012—2018 年间，每年约有 20 名罗格斯大学社会工作及相关专业学生及教师参与，他们在中国多所大学及社会福利机构进行两个星期的交流。交流的学校与机构包括华民基金会、中国妇女发展基金会、姚基会、红丝带基金会、中国人民大学、清华大学、北京化工大学、北京师范大学、南开大学、中国社会工作协会、中国社会福利协会、北京第六医院、新公民计划、北京市海淀区聋儿康复中心、中国护理之家及半边天协会等。2013—2018 年，本项目加入了两星期的国际服务学习，由北京打工子弟学校与北大第六医院为罗格斯大学学生提供实习服务。本项目在 2014—2015 年获克林顿全球行动计划大学的资助。八年来，已有超过上百名美国师生经由这个项目访问中国，他们都对中国有深刻的了解，对未来中美两国的国际交流会产生积极的影响。

三、人才培养

华民研究中心通过访问学者、实习生培育及博、硕研究生奖助学金项目，对中国非营利组织实行管理，培养社会工作人才。在访问学者方面，已支持 32 名来自中国的访问学者进行项目研究，包括中国农业大学董强（2016 年 3 月至 2017 年 2 月）、香港理工大学陈锦棠（2015 年 9 月至 2016 年 1 月）、清华大学邓国胜（2014 年 10 月至 11 月）、北京航空航天大学谢晓霞（2014 年 8 月至 2015 年 7 月）与华北电力大学胡宏伟[41]（2013 年 8 月至 2014 年 7 月）等。胡宏伟教授在回顾华民研究中心的经历时表示：“华民中心让我感觉每天都很兴奋、忙碌，充满活力且富有成效。中心总是能看到充满活力的身影，每个中心成员都参与不同的项目和研究，中心运作的高效可以从各研究小组的会议和每日项目进展信息中窥得一斑。我的感觉是，华民中心做了很多事，特别是在具有创造性和推动性的研究成果方面，在数量和质量上都让人敬重，这让人感到中心具有旺盛的生命力。”谢晓霞教授说：“在华民中心的一年是我人生中很重要的一段经历。在这里，我学习到严谨的学术态度。罗格斯大学的每个老师都很专业，学术态度非常严谨，对我以后的学术研究有很大的启发。我与黄主任合作撰写论文后，发现自己以前在论文撰写方面的不足，学习到了要发表国际期刊论文的写作方法与写作模式，这为我以后的学术研究提供了很大的帮助。”

在实习生培育上，华民研究中心已为 20 名学生提供实习岗位，实习生每周在中心工作 15—20 小时。华民研究中心也为多位博士与硕士研究生提供奖助学金，支持实习生与博硕士研究生在非营利组织与社会工作专业上的学习。华民研究中心博士奖学金的第一位获奖者卢霜，已于 2016 年成功获取博士学位，目前在香港大学担任助理教授。

---

41 胡宏伟现已执教于中国人民大学。

四、研究团队

华民研究中心研究团队主要由中心职员和附属研究员两部分组成。中心职员有主任、博士后研究员、实习生与博硕士研究生。附属研究员目前有 11 位，皆为中美两国在非营利组织与社会工作专业的学者与实务人员。

五、结语

华民研究中心注重研究与实践结合，以社区实务经验启发研究课题，同时以实证研究改善实务方法；此外亦注重结合微观与宏观视角，从微观层面评估具体社会问题与项目成效、从宏观层面提出政策与社会倡导建议。中心自成立以来，一直致力于与中美两国主要高校及研究机构之间的合作与伙伴关系的建立。通过开发、出版、传播一系列的书籍、手册和研究报告，在全球推广中心的研究成果。同时，通过每年举办学术会议、中国游学项目和国际服务学习课程，积极促进中美两国学生与实务人员之间的相互学习与交流。此外，每年提供数名博士班与研究生奖助学金，并支持对访问学者的培育。随着这些项目的共同推进，提升了中美国家之间的双向交流，同时相互学习和帮助，创造一座共享的桥梁。在未来的几年中，华民研究中心将继续着力于研究、交流和人才培养三个项目。我们希望借由这些努力，鼓励对中国非营利组织管理与社会福利议题的跨国性研究，支持与培养新一代的非营利组织和社会工作领导者。

主动进取战略驱动：“灵山慈善”的公益国际化探索

唐　苏
灵山慈善国际化项目团队

一、前言

中国灵山公益慈善促进会、灵山慈善基金会、上海灵青公益发展中心共同组成“灵山慈善”平台。该平台秉持专业、规范、透明的工作准则和“在路上，遇见自己”的价值主张，致力于联合各界建设性的力量，推动社会可持续发展，构筑更强的社会信任。

其中，中国灵山公益慈善促进会是全国性社会团体，2012 年由国家民政部批准并担任业务主管单位。促进会以促进慈善、改善民生的“民生慈善”为宗旨，以促进人人都可以参与公益的“平民公益”为己任，致力于联合全国及海外公益慈善机构和人士，共同建设集信息交流、教育培训、资源共享、国际合作四大目标于一体的开放性公益慈善平台。

灵山慈善基金会是在江苏省民政厅注册成立的公募型基金会，成立于 2004 年 12 月。基金会以弘扬慈善文化、净化世道人心为使命，依托行业支持、青年培养、社区治理、社会创新、国际援助等五个平台设计开展项目。2010 年，灵山慈善基金会被民政部评为“全国先进社会组织”。

上海灵青公益发展中心是致力于推动青年成长的社会服务类机构，成立于 2015 年 2 月。中心以“使青年成为合理幸福之人”为愿景，以“开展乡村实践、城市游学、社会创新、交流论坛等活动，推动青年成长为合理幸福之人”为使命，通过联合政府、企业、媒体及学界的力量，支持高中生和大学生通过参与公益实践，注入公益 DNA，推动个人成长与发展，践履社会责任。

目前，灵山慈善平台已经形成了《慈善蓝皮书》（中国慈善发展年度报告）、慈善百人论坛、为爱行走、为爱联合劝募、无畏计划、春晖计划等公益品牌，并基于腾讯、阿里、蚂蚁金服等平台组建了互联共享团队，服务民间组织。

在公益国际化探索方面，灵山慈善平台曾于 2010 年发起并举办“灵山世界公益论坛发起人大会”及“2010 灵山世界公益论坛”。2014 年，以“爱心善行——全球视野下的中国公益慈善”为主题的“2014 灵山公益慈善促进大会”在江苏无锡举办，来自 15 个国家的第一夫人和驻华大使及各界嘉宾出席大会。可以说，2014 年是灵山慈善公益国际化元年。从 2014 年起，灵山慈善平台先后在埃塞俄比亚、尼泊尔和泰国等地开展民间援外尝试。

本文将重点介绍灵山慈善平台公益国际化探索的行动路径，通过案例分享探索过程中的工作路径和经验，并尝试分析实践过程中所遇到的问题与挑战。

本文所称之“公益”特指现代民间公益，与《慈善法》意义上的“慈善”等同。根据《慈善法》第三条规定，慈善活动指自然人、法人和其他组织以捐赠财产或者提供服务等方式，自愿开展的下列公益活动：（1）扶贫、济困；（2）扶老、救孤、恤病、助残、优抚；（3）救助自然灾害、事故灾难和公共卫生事件等突发事件造成的损害；（4）促进教育、科学、文化、卫生、体育等事业的发展；（5）防治污染和其他公害，保护和改善生态环境；（6）符合《慈善法》规定的其他公益活动。

二、灵山慈善公益国际化探索的行动路径

2008 年的汶川地震救灾开启了中国公益的新纪元。自那以后，中国公益进入快速发展阶段，2016 年《慈善法》的颁布更是标志着一个新的里程碑。与此同时，随着中国社会治理创新的逐步深化以及“一带一路”“构建人类命运共同体”等国际倡议的提出和积极推进，公益国际化、社会组织走出国门投身全球可持续发展成为中国公益发展的新趋势。

根据北京师范大学分享治理创新研究中心主任张强及其团队关于中国社会组织“走出去”的行动路径的研究[42]，中国社会组织国际发展的行动路径主要集中为三种，分别是人道援助驱动型、组织战略驱动型和政策响应驱动型；这三种行动路径对应的是中国社会组织“走出去”的三大主要推动力。

42 杨团主编：《慈善蓝皮书（2018）》，社科文献出版社，2018.

其中，人道援助驱动型“走出去”指的是通过应急救援、灾后重建等人道主义援助行动参与国际合作；组织战略驱动型“走出去”指的是在自身战略的指导和驱动下开展国际公益项目，为受援国提供服务与援助，以践行机构使命和宗旨；政策响应驱动型“走出去”则指的是在政府政策的鼓励、推动和支持下走向国际，开展国际交流与服务等项目。

参与发起灵山慈善基金会与中国灵山公益慈善促进会的无锡灵山文化旅游集团是一家面向世界的企业，其所开发的灵山胜境景区被确定为“世界佛教论坛永久会址”。可以说，成为一个积极参与全球发展、为国际和平与和持续发展贡献力量的国际性公益慈善平台，是灵山慈善平台搭建之初就设立的目标。其中，灵山慈善基金会在创立时，就把台湾地区慈济基金会[43]作为主要学习对象；中国灵山公益慈善促进会更是在《章程》中就将宗旨 明确为“立足中国，面向世界，倡导公益慈善理念，培育公益使命和责任，打造一个有广泛影响力的公益慈善事业的交流平台”，并把“广泛开展多种形式的国际公益慈善交流和合作，学习世界先进经验，弘扬中华慈善文化”列为五大业务范围之一；而培养具有国际化视野和事务参与能力的青年，构建全球华人青年公益行动网络，则是上海灵青公益发展中心在青年发展项目板块的愿景。

可见，内在发展需要是灵山慈善平台公益国际化探索的主要驱动力。这意味着，公益国际化对于灵山慈善平台来说不是被动跟进

43 台湾地区慈济基金会，http://www.tzuchi.org.tw/ .

式的，而是主动进取式的，是长远发展战略的构成要素。这也意味着，虽然灵山慈善平台的国际化仍处于探索阶段，但是由于以战略驱动型为“走出去”行动路径，且具有稳固的主观能动性，加之踏实经营、善于借鉴、开放联合，因而拥有较强的影响力前景。

综合言之，积极开展国际交流合作和支持发展中国家改善民生，是灵山慈善平台公益国际化探索在目前阶段的主要内容。其开展工作的具体形式包括举办国际性公益慈善主题会议、联合开展非洲援助、开展“一带一路”教育援助、参与国际人道主义救援等。其中，在支持发展中国家改善民生方面，主要的服务国家包括埃塞俄比亚、尼泊尔和泰国。

本文将分享四个具体案例，分别是：（1）2014 灵山公益慈善促进大会；（2）“微笑儿童”埃塞俄比亚实验项目；（3）泰北华文教育示范项目；（4）尼泊尔救灾。

三、灵山慈善公益国际化探索的具体案例

1. 举办国际性公益慈善主题会议：2014 灵山公益慈善促进大会

为贯彻中共的十八届三中全会“创新社会治理体制”的精神，发挥公益慈善在促进经济社会发展中的积极作用，中国灵山公益慈善促进会向国家民政部递交了在江苏无锡举办主题为“全球视野下的中国公益慈善”的“2014 灵山公益慈善促进大会”的申请，并获得批准。该大会的定位是“占领高点、突出亮点、立足民间”，目标是搭建一个面向世界的开放式平台，通过讨论和经验分享，为推

动建立多层次合作伙伴关系，促进中国公益慈善更好地融入世界、服务人类文明进步、服务国家全球战略，探索和寻找更加多元的路径。

2014 年 5 月 17 至 18 日，2014 灵山公益慈善促进大会在江苏无锡灵山正式举办。大会由中国灵山公益慈善促进会主办，灵山慈善基金会承办，得到了民政部、中华人民对外友好协会、江苏省人民政府、中华宗教文化交流协会、中国广告协会和无锡市人民政府的支持，具有鲜明的“民间举办，政府支持”的特点。这是灵山慈善平台以民间立场积极配合政府外交需求、争取政府承认与支持的主动选择。

在参会嘉宾方面，本次大会出席的各界代表约 400 余人。其中，有来自亚洲、欧洲、非洲、大洋洲四大洲共 15 个友好国家和地区的政要，包括总统夫人、总理夫人、公主、总统府高级顾问、驻华大使等，以及联合国有关驻华机构的代表。另外，还有公益慈善组织、企业、政府代表出席大会。

在议程设计方面，大会主要分为开幕式、主题峰会、主题分会和闭幕式四大板块。其中，在开幕式上，第十届全国人大常委会副委员长、时任中国灵山公益慈善促进会会长顾秀莲于致辞中提出，世界正在进入“全球大公益慈善时代”，世界需要听到来自中国公益慈善建设的声音，中国也需要更广泛地参与世界公益慈善建设；在“爱心善行——全球视野下的中国公益慈善”主题峰会上，原外经贸部首席谈判代表、副部长、时任中国灵山公益慈善促进会副会长龙永图也明确提出，进入 21 世纪的中国，正在从世界经济大国走向世界公益慈善大国，中国公益慈善要与世界公益慈善携手共建“一个美好的世界公益社会”。在主题分会方面，中国灵山公益慈善促进会联合不同领域的枢纽型机构，共举办了“公益非洲”“公益妇女”“公益广告”“公益关怀”四个分会，分别就“通过公益慈善事业改善妇女的生存、发展，权利和地位”“在非中资企业如何履行国际社会责任”“宗教与公益慈善”“公益广告与社会责任”等议题深入讨论。四个主题分会的分享成果最终都连同主题峰会的讨论成果，呈现在了闭幕式上宣读的《2014 灵山公益慈善促进大会共识（草案）》中。

在宣传方面，本次大会按照“对内适度报道、对外充分报道”的原则，在大会召开前举办了一场新闻发布会，并在大会期间邀请国内主流媒体和海外知名媒体进行宣传报道。

对于本次大会的价值与意义，中国社会科学院社会学研究所研究员、社会政策中心顾问、《慈善蓝皮书》主编杨团认为，“从世界经济大国走向世界公益大国，是这次大会发出的时代强音”。她指出，要实现中国从世界经济大国到世界公益大国的目标，“政府要努力，民间社会也要积极行动。民间社会组织要发挥所长，以民间外交促进公共外交，传播好中国声音，讲好中国故事，成为中国走向世界公益大国的重要力量。”[44]

应该说，2014 灵山公益慈善促进大会是灵山慈善平台立足民间、发挥平台长处和资源优势、以民间外交促进公共外交的一次有益尝试。在大会成果方面，本次大会除了促进交流、增进了解、凝聚共识，还促成了实质性的国际援助合作项目，即由中国灵山公益慈善促进

44 杨团：《从世界经济大国走向公益大国》，中国灵山公益慈善促进会，http://www.clcpp.org/2014/1_0613/119.html .

会捐赠、中国扶贫基金会和灵山慈善基金会联合执行的“微笑儿童”埃塞俄比亚实验项目。

2. 联合开展非洲援助——“微笑儿童”埃塞俄比亚实验项目

如前所述，“微笑儿童”埃塞俄比亚实验项目源于 2014 灵山公益慈善促进大会。当时的埃塞俄比亚第一夫人罗曼·塔斯法耶夫人应邀出席了 2014 灵山公益慈善促进大会“公益非洲”分会，主题为“民间帮助民间”，并接受了中国灵山公益慈善促进会捐赠的 1000 万元人民币；该分会由中国灵山公益慈善促进会与中国扶贫基金会联合主办。有关各方商定，该笔捐赠用于在埃塞俄比亚开展“微笑儿童”供餐实验项目，项目周期为 5 年，旨在为埃塞俄比亚公立小学受饥饿儿童提供免费早、午餐，帮助埃塞俄比亚困难家庭儿童健康成长，同时促进中国与埃塞俄比亚的民间交往，加深中埃两国人民友谊，践行“民心相通”精神，打造“民间帮助民间”国际公益模式。

在确定最终的活动执行方案和推进时间表之前，2015 年 1 月 18 日至 28 日，灵山慈善团队与中国扶贫基金会组成联合调研小组，赴埃塞俄比亚开展了项目需求及项目设计调研。在调研的过程中，联合调研小组与中国驻埃塞俄比亚大使馆、中国埃塞俄比亚商会、联合国粮食计划署（WFP）埃塞俄比亚办公室、埃塞俄比亚第一夫人办公室、埃塞俄比亚教育部、亚的斯亚贝巴教育局及埃塞俄比亚本土 NGO——“母性之本”进行了深入交流，并走访了多所学校和多个困难学生家庭。调研发现，埃塞俄比亚近几年经济发展速度很快，但是减贫任务十分繁重；尽管亚的斯亚贝巴是其首都，但是由于大量外来人口涌入，生活在贫困线以下的孩子还很多。根据埃塞俄比亚当时的第一夫人办公室所做的前期项目调研，当时在亚的斯亚贝巴的220所公立小学的50万学生中，大概有超过3万名小学生没有饭吃；这些公立学校的贫困学生大部分是单亲家庭儿童、孤残儿童、受艾滋病影响的儿童，另外还有是因家庭贫困、父母无法抚养而被迫流落街头的儿童。故此，在当时的埃塞俄比亚第一夫人办公室的建议下，灵山慈善与中国扶贫基金会决定在埃塞俄比亚的首都亚的斯亚贝巴开展“微笑儿童”供餐实验项目。2015年5月26日，该试点项目正式启动，当时的埃塞俄比亚第一夫人罗曼·塔斯法耶夫人和中国驻埃塞俄比亚大使腊翊凡出席仪式并剪彩。

为确保项目的有效落地，灵山慈善与中国扶贫基金会共同制定了详细的《“微笑儿童”埃塞俄比亚实验项目实施方案》。根据实施方案，该实验项目由灵山慈善基金会、中国扶贫基金会、埃塞俄比亚第一夫人办公室和埃塞俄比亚本土NGO母性之本慈善协会（Ye Enat Weg）联合执行。

如图1所示，灵山慈善与中国扶贫基金会共同组成“微笑儿童”埃塞俄比亚实验项目管理领导小组，并在中国扶贫基金会设立中方项目办公室，其主要职责包括：（1）主导制订项目发展规划，建立健全项目各项规章制度；（2）制定、修改和完善“微笑儿童”项目的实施方案和各项技术标准；（3）参与选定埃塞俄比亚当地项目合作伙伴，参与埃塞俄比亚当地合作伙伴丁方的项目执行团队组建；为项目执行团队提供能力建设服务；（4）建立健全“微笑儿童”项目信息管理体系，制定相应的监测办法，并组织项目监测，监督项目执行；（5）监管项目资金使用情况，并为“微笑儿童”项目规模的扩大募集资金；（6）协助当地合作伙伴与中埃相关政

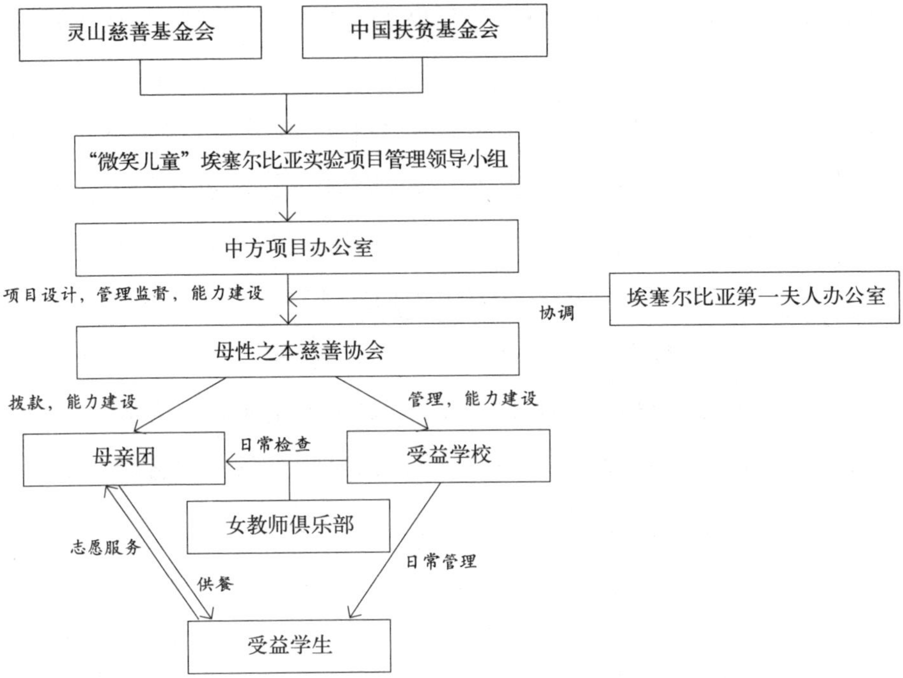

图 1 “微笑儿童”埃塞俄比亚实验项目组织架构图

府部门、社会团体、新闻媒介建立良好的合作关系，为项目顺利实施争取合理的优惠政策和创造良好的外部环境；（7）协助当地合作伙伴加强与有关国际组织的交流与合作，推广和深入开发项目的成功经验。

而埃塞俄比亚第一夫人办公室的主要功能是发挥其在埃塞俄比亚的号召力与影响力，为项目协调与当地各利益相关方的关系，其主要职责包括：（1）与中方项目办公室一起，选定埃塞俄比亚当地项目合作伙伴，参与埃塞俄比亚当地合作伙伴项目执行团队的组建，为项目执行团队提供能力建设服务；（2）协调埃塞俄比亚相关政府部门、社会团体、新闻媒介，为当地合作伙伴和项目顺利实施争取合理的优惠政策和创造良好的外部环境；(3)参与项目监测，监督项目执行，确保项目实施质量；(4)为项目顺利完成境外捐赠资金的汇出、接收提供必要的协调与支持；(5)协助当地合作伙伴加强与有关国际组织的交流与合作，推广和深入开发项目的成功经验；(6)为中方在埃塞俄比亚开展的其他公益项目提供必要的支持。

母性之本慈善协会是由亚的斯亚贝巴的中小学女教师联合成立的一家民间慈善机构。该机构的所有成员都来自当地各个学校有着至少20年教学经验的教师志愿者，覆盖全市10个区、220所小学，每所小学有5个机构成员。它以“让每个学生不饿着肚子上学”为使命，在当地已经建立起了比较成熟的供餐体系。这也是埃塞俄比亚第一夫人办公室推荐它作为项目在当地的执行团队主要原因。为保证大面积供餐项目的顺利展开，项目帮助母性之本慈善协会组建了一支全职工作团队，并搬入了固定的办公室。其主要职责包括筛选和确定受益学校、受益学生和“母亲团”，并对受益学校及供餐母亲团进行定期检测和走访监督等。

母亲团是母性之本慈善协会供餐的合作伙伴。它是由受助学生母亲组成、具有当地政府颁发营业执照的微小企业；其成员都经过当地妇女、青年和儿童事务局的挑选，并接受过职业学校的培训。它的主要职责是按照母性之本慈善协会提供的菜单和餐标，为受益学生采购和制作符合质量要求的餐食。母性之本慈善协会与母亲团签订协议，由受益学校校长对母亲团的工作进行监督检查，符合要求才开结账单，并注明供餐数和学生数；母亲团凭此信件每二周前往母性之本慈善协会申请供餐款，母性之本慈善协会在确认无误后将款项汇至母亲团的个人账户，第二天即能到账。

“微笑儿童”埃塞俄比亚实验项目的目标除了为受益学生供餐，还包括帮助母性之本慈善协会提升机构能力。为了更好地实现目标，除了按照原计划接受中国灵山公益慈善促进会 1000 万元的捐赠外，在项目启动后，中国扶贫基金会还在淘宝公益宝贝平台上进行了公众筹款。

“微笑儿童”埃塞俄比亚实验项目的资助标准为一个学生一年资助 1000 元人民币，具体分配和用途如下图：

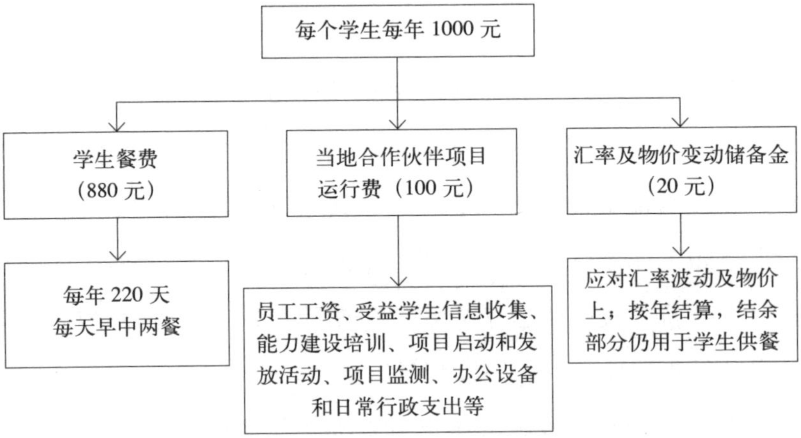

图 2 埃塞俄比亚“微笑儿童”供餐项目资助标准

“微笑儿童”埃塞俄比亚实验项目设计时的计划受益人数为 2000 人，但是，截至 2017 年 5 月 1 日，项目共在埃塞俄比亚首都亚的斯亚贝巴的 42 所公立小学开展，受益儿童 4074 名；其中，男生 2222 名，女生 2000 名，远超计划。

"微笑儿童"埃塞俄比亚实验项目以民间组织的独有方式，积极 响应联合国可持续发展目标，在精准定位受益目标群体的基础上，与当地民间慈善机构共同助力埃塞俄比亚缓解贫困和饥饿问题，改善儿童营养状况，提高学生成绩和升学率，创造妇女就业机会，提升慈善机构运营能力。经过几年的发展，它已经成为中国社会组织参与国际援助时间较早、规模较大的公益项目，被视作中国民间对外援助的示范项目，曾多次在各类研讨会上作为案例分享，并得到中埃两国政商社领域及各大媒体的广泛关注。2016 年，当时的埃塞俄比亚第一夫人亲笔致信中国国家主席习近平夫人彭丽媛，高度赞扬和肯定了灵山慈善和中国扶贫基金会在埃塞俄比亚致力于缓解贫穷和饥饿问题所做的努力；其后，彭丽媛回信表示，将继续支持中国民间组织参与"一带一路"与"南南合作"，为非洲人民带去知识和经验，带去健康和福祉。

3. 开展"一带一路"教育援助——泰北华文教育示范项目

2015年，中国政府在博鳌亚洲论坛年会期间，正式提出要以"政策沟通、设施联通、贸易畅通、资金融通、民心相通"为主要内容，打造"一带一路"沿线国家政治互信、经济融合、文化互容的利益共同体、责任共同体和命运共同体。其中，"民心相通"强调为"一带一路"建设夯实民意基础，筑牢社会根基，由中国与"一带一路"沿线国家在科学、教育、文化、卫生、民间交往等领域广泛开展合作。2017 年 5 月，"一带一路"国际合作高峰论坛在北京举办，论坛"增进民心相通"的主题会议宣布启动《中国社会组织推动"一带一路"民心相通行动计划（2017—2020）》，提出四大行动目标，目标的具体按内容涉及减贫、减灾救灾、气候变化和环保、教育、文化、农业等诸多领域。[45]

这无疑是为包括灵山慈善平台在内的中国民间公益团体的国际化公益发展指明了重点。在此国家行动策略的指引下，灵山慈善平台结合自身的国际化公益发展战略，发起了针对泰北清莱华语学校的援助计划，目标是在泰北清莱 66 所华校中选择 5 所作为改革试点学校，从学校的硬件改造、教材标准化、教师培训、长期华文教师、暑期夏令营、汉语水平考试（HSK）、困难学生资助、学校营养餐、中泰民间文化交流等多个维度进行支持和服务，切实助力改善泰北清莱地区华文学校的教育面貌，搭建规范化教育管理机制。

事实上，灵山慈善在 2014 年就因为泰国清莱中华文化教育协会理事长的来访，开始密切关注泰北清莱地区华语学校教育情况的。2015 年，灵山慈善基金会上线“被遗忘在泰北的中国人”项目，并从 2016 年开始每年资助泰北清莱地区 14 名华文教师的工资，以及该项目在当地的执行机构——泰国清莱中华文化教育协会秘书处一名工作人员的工资；这项资金由泰中文化慈善基金会接受并发放。截至 2018 年 12 月 31 日，该项目累计资助款项约 59.16 万元，其中资助教师工资 52.5 万元，为当地贫困学生供餐 4.13 万元，为项目学校捐助图书款 2.53 万元。

2017 年 7 月 19 日至 8 月 2 日，灵山慈善组织了一支 11 人的调研团队，由灵山慈善基金会秘书长带队，拜访了中国驻清迈总领事馆、清莱皇太后大学孔子学院、清迈中华商会、清莱中华文化教育

45 杨团主编：《慈善蓝皮书（2018）》，社科文献出版社，2018.

协会等机构，与皇太后大学汉学院教师、当地长期做支教的台湾大学社团等，就当地的华语教育的现状与未来座谈交流，并实地走访、深入调研了 31 所华校。调研发现，当地学生家庭普遍经济困难，教学设施设备简陋，教师专业能力低且流动性大，教师收入水平低（部分校长和教师没有收入），教材和教学方法不统一且良莠不齐，缺少华语水平的评级认证机制，华语教育处于自发状态，无统一发展规划。

灵山慈善项目团队通过对当地华语学校校长、老师、学生及学生家长四个维度的调研，经过和清莱中华文化教育协会、孔子学院、清迈总领事馆相关负责人的深入探讨、多次论证，将清莱地区的困难华人群体作为长期服务对象，将华语教育系统化作为在当地的长期援助项目，并选定了位于泰北清莱省美塞县回海村的回海小学、位于泰北清莱省民养乡的培中学校、位于泰北清莱省康兴村的健群中学、位于泰北清莱省永泰村的治平中学和位于泰北清莱省拉茶啤村敬和华文学校等 5 所华语学校作为试点，以示范性推动泰北华语教育的发展与变革。

2018 年 7 月 19 日至 8 月 3 日，灵山慈善带领志愿者团队前往泰北开展暑期国际志愿者项目。志愿者们除了在 5 所试点华语学校开展华文课程教学、设立中文图书角、策划并开展校园主题活动，还进一步在当地开展了华文教育调研，搜集了更多有效信息用于制定日后中长期的泰北华文教育改革计划。此外，这次国际青年志愿者夏令营是灵山慈善在泰北华文教育项目中实施的第一次深入服务，虽然规模较小、时间较短，但是起到了与当地加深联系、增进感情的效果，并且为日后持续性地开展更加深入、系统的服务积累了实践经验，对于灵山慈善的国际化项目专职工作团队也是一次有益的锻炼。

经过近两年的探索，对于泰北华文教育项目，灵山慈善基本确定了“短期志愿者 + 中长期支教老师 + 当地教师培训 + 教材规范化 + 汉语评级”的系统援助模式，并为下一步的推进计划制定了比较明确的行动架构。

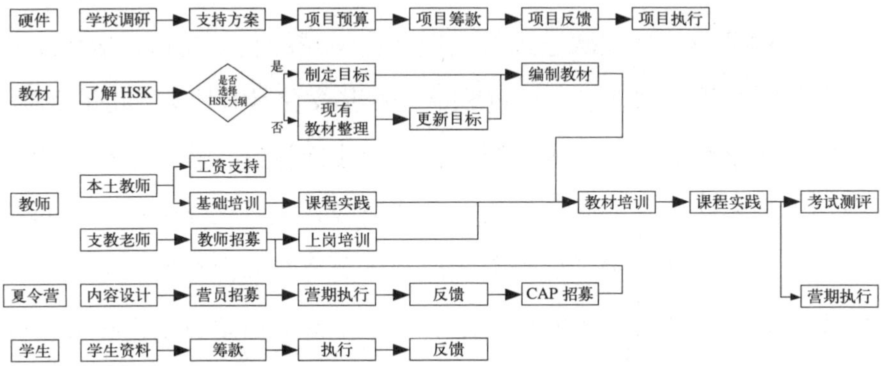

图 3 泰北华文教育项目架构图（计划）

网络募捐和非定向捐赠收入是灵山慈善泰北华文教育项目的主要资金来源。2018 年“腾讯 99 公益日”期间，灵山慈善以灵山慈善基金会为募捐主体，发起了“泰北华文教育项目”筹款，目标是面向公众筹集善款，购买一批课桌、座椅和校舍搭建建材，以改善试点华语学校的教学条件；此外，还为试点华语学校的教师提供工资补贴、为夏令营的国际青年志愿者提供在地交通和食宿补贴。截至筹款结束，该项目共筹集善款 15.89 万元，距离目标筹款额还有相当的距离。

4. 参与国际人道主义救援——尼泊尔救灾

2015 年 4 月 25 日，尼泊尔发生 8.1 级地震，造成巨大的伤亡和损失。地震发生后，中国扶贫基金会、壹基金、爱德基金会、中国青少年发展基金会等社会组织第一时间集结，前往尼泊尔展开紧急救援。4 月 27 日，灵山慈善也加入到了这次跨国救灾的行动中去。当天，灵山慈善与苏州弘化社基金会召开了第一次联合救援协调会议，会议达成共识，由灵山慈善基金会和苏州弘化社基金会共同组成“中国灵山国际救援队”奔赴尼泊尔参加救灾。

在信息获取方面，中国灵山国际救援队前期主要通过卓明灾害信息服务中心关于尼泊尔地震的救灾简报，以及中央电视台、中新网等权威媒体，获取当地灾情、救灾进展、政府应对措施、当地社会组织行动等信息。在 4 月 30 日进入灾区以后，救援队则开始通过实地考察、广泛交流等方式掌握的第一手资料，开展调研和评估分析，并把信息及时反馈给在国内的支援团队，为后期参与救灾提供方案依据。

这是中国灵山国际救援队第一次走出国门参与紧急救灾。到达灾区后，救援队充分利用自身佛教文化背景优势，依靠当地的寺庙和僧侣团体在民众中的影响力，开展发放大米等紧急救援物资，实地考察当地的佛塔、佛寺等佛教建筑受损情况，并联合台湾地区灵鹫山救援队等同样具有佛教文化背景的慈善机构开展联合救援行动；另一方面，救援队积极前往中国社会组织尼泊尔救灾协调中心参加协调会，并在会上介绍自己参与救灾的方向和进展。

与此同时，灵山慈善基金会在新浪微公益、支付宝 E 公益、腾讯乐捐等互联网募捐平台上发起专项筹款，并积极发动灵山职工在灵山景区为尼泊尔地震灾区筹款。截至 2015 年 5 月 5 日，灵山慈善·弘化社 4·25 尼泊尔地震联合救援行动总计筹款 254.78 万元；其中，灵山慈善基金会募集款项 74.69 万元，弘化社基金会募集善款 180.09 万元。

四、灵山慈善公益国际化探索的经验以及面临的挑战

1. 灵山慈善公益国际化探索的经验

如前所述，灵山慈善的公益国际化仍处于探索阶段。在探索的过程中，灵山慈善主要积累了如下几点经验：

（1）树立参与世界公益的战略意识。这既意味着要在理事会中达成国际化战略的共识，把公益国际化发展纳入机构的总体发展框架之中，制定统筹与具体实施分工明确同时又相互协同的工作方针和工作制度；也意味着要充分把握国家的整体外交战略，并积极将机构的国际化战略与国家的整体外交战略进行融合。此外还要明确一点，这种战略意识既不是一蹴而就，也非一成不变，而是需要在不断探索、研究与实践总结中逐步调适、巩固和丰富的。

（2）与经验丰富或在相关领域有优势的公益慈善机构建立合作伙伴关系。这样做不但可以通过联合来扩大影响力，还能在合作过程中借用它们的人才、管理优势并学习相应经验。例如，在“微笑儿童”埃塞俄比亚实验项目中，灵山慈善选择与在公益国际化方面走在中国社会组织前列的中国扶贫基金会合作，这大大提升了项目整体实施的专业化程度和效率；在同一个项目的落地执行方面，选择与在当地致力于开展儿童供餐项目的母性之本慈善协会合作，

则有助于快速融入当地、降低执行风险。

(3) 在项目设计和筹备期间，深入海外开展调研，与当地政府、公益慈善机构、媒体、驻外大使馆、华人企业、在当地开展项目的国际组织、潜在目标群体等进行充分的交流，这是灵山慈善开展国际援助项目时的核心行动策略之一。正如前文案例中所介绍的，无论是"微笑儿童"埃塞俄比亚实验项目，还是泰北华文教育项目，在确定最终的活动执行方案和推进时间表之前，灵山慈善都首先开展实地项目需求及项目设计调研。

(4) 立足民间，同时与政府建立密切联络，争取政府的认可与支持。例如，在海外开展项目时，与中国驻各国大使馆建立密切的交流和合作，不仅能提高效率，而且还可以降低风险、确保安全。除了有助于项目的具体执行，政府的支持对于获得国内外高端权威媒体的广泛关注和报道也有重要作用。

2. 灵山慈善公益国际化探索面临的挑战

在公益国际化探索的过程中，灵山慈善也遇到了不少挑战。具体而言，除了政府政策、国内民意基础、异国环境等环境层面的挑战外，还有来自组织内部的挑战。就组织内部而言，主要有以下几个方面：

(1) 人才储备的挑战。目前，灵山慈善平台的三大机构都缺乏既熟悉国际体系又具备国际语言能力的人才，国际化项目主要由灵山慈善基金会秘书长带领、项目研发中心具体执行，两名投入工作的全职员工也是兼顾状态，投入时间比各为60%和40%。能否吸引并留住一批具有国际视野、能力和经验的专业人士进入国际化项目团队，将成为灵山慈善公益国际化探索进一步深化所必须直面和应对的重大挑战。

（2）管理能力的挑战。虽然灵山慈善在国内积累了比较丰富的管理经验，非常具有活力和潜力，但是，其内部管理主要还是针对国内项目，在开展国际项目方面还是比较缺乏经验和实力，例如财务管理能力、人力资源管理能力、法务管理能力和公共关系能力等。如前所述，灵山慈善的国际化项目目前仍由综合性业务部门的项目研发中心具体执行。这符合灵山慈善公益国际化现阶段的发展实际，但长远来看，这必将限制灵山慈善国际化项目的管理效率、可持续性和开拓创新。

（3）资金的挑战。目前来看，灵山慈善国际化项目的资金来源还主要是定向的网络募捐和非定向的捐赠收入。在网络募捐方面，灵山慈善在国内原有的社会认可和支持仍未能充分扩展到国际领域，这在一定程度上导致了灵山慈善公益国际化资金不够充裕的现实困境。公益国际化探索对于社会组织而言是一个重大的战略举措，如果没有充足的资金支持，必将对项目的持续性、拓展和创新都产生制约。

（4）国际合作网络的挑战。在公益国际化探索的过程中，灵山慈善已经意识到了与在相应领域具有丰富经验的本土或国际组织进行合作的重要价值，并且在一些国际化项目开展过程中进行了积极实践。但目前来看，这些实践距离建立起自身广泛而密切的国际合作网络还很远，仍需拓宽与广泛活跃在全球治理领域且有着全球性影响力的国际组织、国际或地区社会组织联盟的合作，并形成良性的交流和互动机制。

五、结语：探索具有灵山慈善特色的公益国际化模式

中国社会组织如何实现国际化，客观上讲，挑战和机会并存，机会多于挑战。[46] 灵山慈善也作如是观，尽管面临不少挑战，且其中一些挑战不可谓不重大，但灵山慈善将继续秉持从创立之初就立下的国际化愿景，在总结经验的基础上，发挥灵山慈善特有的文化背景优势和品牌项目优势，建立一套具有灵山慈善特色的公益国际化模式。具体而言，灵山慈善计划在未来三至五年内，从以下两个方面着手建立自己的公益国际化模式：

（1）依托“为爱行走”活动，链接华人慈善资源。“为爱行走”是灵山慈善发起的一项大型公益徒步募捐活动，2013 年至 2018 年，该活动先后在北京、上海、广州、深圳等多个城市举办，为近 500 个公益项目累计筹款 4000 余万元。2018 年 12 月 15 日，“为爱行走”第一次走进澳门，其筹得的善款也明确包括定点帮扶泰北清莱华语教育项目。这将成为灵山慈善未来三至五年进行全球资源配置的重要方式。

（2）总结灵山慈善在青年发展领域十多年的经验，构建“全球华人青年行动网络”。中国正在成为促进全球治理最核心的力量之一，中国政府、企业、社会组织都扮演着越来越重要的角色，而具有国际化视野和能力的华人青年无疑将成为这些部门最主要的人才储备。灵山慈善着力构建“全球华人青年行动网络”，正是希望让国内青年与全球华人青年连接起来，以服务者、创变者的姿态参与到中国建设世界公益大国的进程中去。

---

46 黄浩明 石忠诚 张曼莉等：《我国社会组织国际化战略与路径研究》，中国社会组织公共服务，http://www.chinanpo.gov.cn/700103/92507/newswjindex.html.

抗击新冠肺炎疫情的公共外交实践
——以中国非政府组织的经验为例

田申由甲　中国人民大学

如何有效遏制新冠肺炎疫情的全球蔓延，如何使国家间相互合作以共同化解危机，如何建立有效的国际联防联控机制，如何构建良性的国际舆论环境，如此种种问题对各国政府提出了新的现实要求。政府在应对突发公共卫生事件中无疑扮演着统筹协调的宏观性角色，但在抗击新冠肺炎病毒的战役中，需要其他多主体的共同参与，动员社会力量，整合汇聚社会资源。

在此过程中，各类民间机构、社会组织、华侨组织等非政府组织，在全球资源调配、推动疫情知识科普和共享、整合动员社会力量、建构国家形象、关注弱势群体等一系列公共外交领域发挥了特殊而高效的作用。本文主要以疫情期间中国一些非政府组织为典型，在介绍这些组织于新冠病毒肺炎疫情发生期间支持公共卫生外交的实践与经验的基础上，探寻我国非政府组织开展公共外交的路径，总结我国非政府组织开展公共外交的启示。

一、相关概念的界定及理论依据

2007年，学者萨拉蒙将非政府组织定义为包含五特征的组织，五特征包括组织性、非政府性、自治性、志愿性和非营利性。由于不同国家和地区的具体情况不同，对于非政府组织的定义也存在分歧，一般公认非政府组织的基本特征包含非政府性和非营利性。在我国，非政府组织被定义为合法的、非政府的、非营利的、非党派性质的、实行自主管理的、志愿性的社会中介组织，致力于解决各种社会性问题。非政府组织活动所涉及的领域非常广泛，包括扶贫、教育、保护妇女儿童、卫生保健、社会救助、社区发展以及环境保护等领域（赵黎青，2000）。本文重点关注的是活跃在社会救助和卫生保健领域的公益性非政府组织。

非政府组织开展的公共外交活动是常规外交的有益补充。非政府组织直接沟通他国民众，一定程度上改善了母国的国家形象，传达了母国的理念，实现了公共外交的职能。非政府组织的公共特性使得它有较高的社会信任度，在开展公共外交时可以避免较为浓厚的政治与外交色彩，专业性也极强，在专业领域的权威性和公信力较高，能够实现较好的公共外交效果（赵启正，2016）。

关于如何开展非政府组织公共外交也一直是学者探讨的热点。吕晓莉提出三种可行性路径：利用专业优势开展海外项目，拓展对外援助模式；借助国际平台，发出中国非政府组织的声音，介绍中国故事；有效、可行的议题倡导。刘贞晔提出三种策略：受国家政府委托，承担政府外交职能和任务；政治联盟或伙伴关系；跨国治理、跨国倡议或动员网络。孙海泳指出四种方法：重视社会组织因素在中国特色外交中的作用；支持具有国际化导向的国内社会组织的发展；推动构建社会组织的国际化活动网络；将社会组织充分纳入国家对外援助体系。由此可见，非政府组织通过跨国合作参与到国际援助的行动中，是开展公共外交的重要形式之一。

二、我国非政府组织在疫情期间开展公共外交的路径

1. 通过资源调配，统筹协调物资保障

新冠肺炎疫情发生以来，各类非政府组织积极采取行动，广泛汇集社会资源。疫情发生初期，许多非政府组织募集善款，并对口罩、防护服、护目镜以及呼吸机等医疗物资进行采购和运输，有针对性地对国外重点地区进行点对点的款物支援。不同组织都发挥自己所长来募集物资，竭尽全力为抗疫一线提供全方位的物资保障。

猛犸基金会向多国捐赠检测试剂盒，充分利用优势资源精准支援疫情前哨。2020 年 2 月 20 日，由深圳市猛犸公益基金会、华大基因和深圳市国际交流合作基金会联合捐赠的一批新冠病毒核酸检测试剂盒抵达日本国立传染病研究所，正式开启猛犸基金会参与全球抗击新冠病毒的公益行动。截至 3 月 30 日，猛犸基金会通过中国大使馆先后向多国捐赠由华大基因研制的新冠病毒检测试剂盒，包括日本、秘鲁（1000 份）、安哥拉（1000 份）、菲律宾（1000 份）、塞尔维亚、文莱、贝宁（1500 份）、阿根廷（首批 1500 份）、非洲多国（包括乌干达、南非、埃塞俄比亚、突尼斯等）、马来西亚（5500 份）、中美洲各国（包括巴拿马、加勒比海岛国、特立尼达和多巴哥等）。该试剂盒已获得美国 FDA 紧急使用授权、欧盟 CE 认证，

以及中国国家药监局颁发的医疗器械注册证。除此之外，猛犸基金会还联合凤凰卫视、华大基因特别发起“火眼”实验室的捐赠活动。在国内抗疫期间，“火眼”实验室已具备整套技术解决方案，能够有效提高核酸检测日通量。深圳市猛犸公益基金会已向塞尔维亚、意大利、希腊、法国等国捐赠“火眼”实验室，进一步提升这些国家医院的核酸检测能力，为其防控新冠肺炎疫情带来帮助。截至目前，10 余个国家和地区的 40 余家“火眼”实验室已启动运营或在洽谈中。检测试剂盒是临床确诊和患者康复出院的重要技术耗材，是抗击疫情的重要“前哨”。猛犸基金会聚焦疫情前期诊断的关键阶段，同时借助发起单位华大集团的专业优势，以及中国大使馆的跨境协调优势，精准开展公益行动，专业性强，抗疫效率显著。此外，试剂盒捐赠和“火眼”实验室的捐建也有助于完善受援国的公共卫生基础建设，提高应对突发公共卫生事件的能力。

中国红十字基金会设立抗疫专项基金，通过专业国际援助形成示范效应。2020 年 3 月 10 日，中国红十字基金会按照中国红十字会总会的统一部署，设立“抗疫国际人道援助基金”，广泛动员社会力量募集资金和防护物资，驰援受新冠肺炎疫情影响较严重的国家。该基金将通过网络众筹和企业定向筹集活动的方式，接收社会各界捐赠。3 月 23 日，中国红十字会联合恒大集团，由恒大集团捐资 1 亿元人民币，在中国红十字基金会设立“恒大国际抗疫援助基金”。该基金主要用于向新冠肺炎疫情严重的国家和地区提供人道援助，主要包括支持中国红十字会采购受援国急需的医疗物资、防护物资、派出国际援助医疗队的后勤保障等。截至 8 月 25 日，基金会先后向伊朗、伊拉克、意大利、巴基斯坦、阿尔及利亚等 43 个国家发运总价值达8049.5万元的抗疫物资，国际抗疫工作取得阶段性进展。人道援助足迹横跨亚、非、欧、美、澳五大洲，援助物资包括医用防护口罩、呼吸机等防疫物资和医疗设备，为全球疫情防控提供了有力支持。以专项基金的方式支持国际人道援助，是中国红十字基金会原有的国际援助项目经验在新冠肺炎疫情之下的延续。中国红十字基金会发挥其慈善募捐优势，协助中国红十字会将专业的人道服务经验带向全球，并在国际人道援助捐赠方面形成了示范效应。

2. 科技赋能搭建协作平台，推动疫情知识和诊疗方案共享

在应对突发公共卫生事件时，我国一些非政府组织通力合作，借助前沿的科技手段搭建了协作平台，形成了协同合作的工作网络，凝聚了社会各方的力量，推动了疫情知识和诊疗方案的全球共享。在互联网时代，以互联网为载体，搭建协作平台，能快速通过信息发布、资源对接、组织联合行动来实现应急资源的优化配置，将社会力量和资源更高效有序地投入到应急管理中。

马云公益基金会与阿里巴巴公益基金会自2020年3月初开始启动国际抗疫行动，总结并传播国内抗疫经验。3月16日，两家基金会开始与非洲各国医疗机构合作，为其提供新冠病毒肺炎临床治疗的网上培训资料。3月20日，两家基金会联合浙江大学医学院附属第一医院发布多语种版本的《新冠肺炎防治手册——浙江大学医学院附属第一医院临床经验》，并将其分享到219个国家和地区，访问量达95.7万次。该手册目前已翻译成8种语言，包含防控管理、诊疗经验、护理经验等内容，为其他国家应对疫情提供了有价值的参考。在阿里云智能、阿里健康的共同支持下，两家基金会发起了

全球新冠肺炎实战共享平台，旨在为世界各地的一线医生和护士提供抗疫实战经验分享，方便他们在线交流协作，并为医疗科研机构提供 AI 大数据和云计算的能力支撑。该平台包括资源共享中心、国际医生交流中心、海外华人新冠咨询中心、科技助力抗疫中心四大模块。马云公益基金会与阿里巴巴公益基金会在疫情蔓延全球的早期，便迅速展开全球抗疫的战略布局，并在两周内形成系统的国际援助行动。在捐赠方面，两家基金会的行动极大地拓宽了中国公益海外捐赠的地理版图，在本次参与国际抗疫的社会组织中尤为突出。在援助内容方面，两家基金会并未止步于物资捐赠，而是迅速利用阿里健康产业布局和互联网企业的技术优势，组建线上实战共享平台，借助人工智能、大数据、云计算等技术，面向全球分享中国抗疫经验，解燃眉之急。

2020 年 3 月 14 日，数字健康平台微医（WeDoctor），联合中国医疗保健国际交流促进会，同步上线微医全球抗疫平台中、英文版，汇聚海内外医疗资源，向旅居海外的 6000 多万同胞和亿万国际友人推出新冠肺炎实时救助服务。同期上线的还有 1 月 29 日出版的《新型冠状病毒感染的肺炎防治知识手册》中、英双语版图书，为在华外国友人以及海外同胞带去权威科学防治知识，指导科学防疫。微医全球抗疫平台主要提供防疫手册、心理援助、知名中医免费咨询、抗疫社群、各国疫情黄页等五大服务，首批加入平台的医师均来自国内三甲医院。截至 3 月 31 日，微医全球抗疫平台累计访问量达 1268 万，目前已有 7746 名医生加入，已服务海外同胞 56058 例。3 月 18 日和 22 日，微医全球抗疫平台分别组织了两场防控新冠肺炎疫情经验分享会，累计有 400 余位海外医务人员和近3万名海外用户通过在线课堂学习疫情科学防控相关知识。在国内疫情爆发期间，微医是中国较早提供防控疫情在线义诊服务并挺进核心疫区武汉救援的数字健康平台。为了给国际社会提供力所能及的帮助，微医全球抗疫平台正式成立，成为企业与社会组织联合发起的全球抗疫典范项目。截至3月23日，微医全球抗疫平台已获得中国驻六大洲98国使馆、63个领事馆的官方推介。

3. 动员社会力量参与，形成抗疫涟漪效应

突发公共卫生事件一般涉及面广、影响范围大、应对任务复杂且艰巨、需要充足的人力支援，因此在应对过程中需要发动更多的社会力量，开展整体协作。在此次疫情中，不少非政府组织发挥支持和服务其他社会力量的作用，这种形式激活了更多的力量参与，进而发挥了更大的效用。动员社会的志愿服务资源，发动社会各界志愿者参与到各种慈善公益活动或互助公益活动中。

中意慈善论坛发起机构带动多方参与，形成了抗疫涟漪效应。2020年3月20日，中意慈善论坛三方发起机构中国发展研究基金会、国际公益学院与意大利都灵大学中国研究中心联合发起“支援意大利抗疫联合行动”。此次行动一方面为意方对接了中国在国内抗疫行动中有效的医疗物资生产销售渠道；另一方面发动了国际公益学院、校友机构及爱心企业共同支持意大利抗疫行动。

马云公益基金会与阿里巴巴公益基金会捐赠的50万只口罩以及检测试剂盒等防疫物资于2020年3月18日运抵罗马，并与意大利红十字会国家紧急中心完成交接。发起机构老牛基金会捐赠90万元，支援意大利。校友机构荣程普济基金会捐赠5.6万件医疗防护物资，中国狮子协会四川代表处八分区捐赠5万个一次性医用口

罩，老牛兄妹公益基金会捐赠10万个一次性医用口罩。蓝帆医疗、璞唐生物、魏桥集团、腾讯公益基金会、中国工商银行、爱佩仪光电技术有限公司等爱心企业均参与了捐赠，物美集团、国药集团、中国石化、京东集团等企业也在积极协调物资采购渠道。国际公益学院作为中意慈善论坛发起方之一，发挥国际合作优势和行业平台功能，辐射带动其董事会成员、校友机构及爱心企业共同支援意大利抗疫，形成了涟漪效应。

2020年2月25日，由新安世纪教育安全科技研究院院长张国远副教授召集，联合中国、日本、菲律宾、斯里兰卡、印度等国多家专业机构发起了“社区应对新冠肺炎国际联盟”（International Alliance for COVID-19 Community Response，IACCR）。联盟主要由包括中国灾害防御协会在内的亚洲国家和地区的大学及非营利组织、地方政府机构自愿集结组成，专注于在疫情期间激活与建设志愿者群体，提升社区层面响应能力。联盟成员中的中国团队与日本大阪大学、京都大学、兵库县立大学的研究人员及日本灾害救援志愿者网络和救援人员进行了第一阶段经验交流。联盟也于3月25日成功举行了第一次应对新冠肺炎疫情信息和技术交流会议。

据绿色设计研究院2020年3月16日消息，光华设计基金会、世界绿色设计组织、中国生物多样性保护与绿色发展基金会、国际设计联合会、绿色设计促进会五家机构发起了“中欧抗疫绿丝带公益行动”，并提出“中欧同日月，携手焕新天”的理念，该行动已吸引来自中国与欧洲的百余家行业组织参与联合倡议，支持欧洲国家抗击疫情。根据“绿丝带国际救援”第8号公告，截至3月23日，已得到意大利、法国、德国、西班牙、瑞士、比利时、挪威等国卫生部门及22个城市反馈的疫情信息和物资需求信息；同时确立了意大利罗马、意大利里米尼、法国巴黎、德国法兰克福、瑞士日内瓦、比利时布鲁塞尔为对接点；现有医用现货物资渠道货值金额约2500万，已收到捐赠物资23笔价值约210万。据光华设计基金会4月2日消息，已经有152家社会团体和295名各国志愿者参与到这个大平台之中。

中外组织合作能够形成优势互补，提升国际援助的效率和精准度。此外，以联合行动的方式开展国际援助，为国内社会组织提供了更多参与国际援助的渠道和机会，促进了社会组织与企业、大学及政府部门之间的跨界合作，也提升了中国社会组织的国际影响力。

4. 媒体加强舆论引导，为公共外交开辟了新的渠道

新媒体时代，各种社交媒体平台的涌现不仅对信息的公共传播起着至关重要的作用，而且为公共外交开辟了新的渠道。疫情期间，许多非政府组织积极利用社交媒体平台与国外高官、企业家、社会活动家等各界精英建立网络社群，实现信息共享和交流。这让世界各地的媒体和民众了解了中国防控效果和全球疫情发展。

2020年4月23日，中国公共外交协会举办主题为“中非守望相助、共同抗疫”的非洲媒体线上交流活动。活动由中国公共外交协会刘碧伟副会长主持，前驻非盟使团团长旷伟霖大使，广东省人民政府外事办公室副主任罗军，广州市新冠肺炎疫情防控医疗防治组成员、流行病学专家李铁钢，同中国国际新闻交流中心尼日利亚、肯尼亚、乌干达、布基纳法索等国记者视频连线。罗军介绍了广东

省防控工作情况，特别是不断采取改进措施，依照无差别对待原则落实涉非人员健康管理工作情况。李铁钢结合2014年赴加纳参加援非抗击埃博拉专家组工作经历，介绍了广州采取的“四早”等有效防控举措。阿布杜拉耶和波波讲述了疫情期间在粤生活情况。参加活动的中方人员耐心回答了记者提问，表示中方高度重视非洲人员境况，坚持对所有在华外国人一视同仁，对种族歧视零容忍。广东省已加强与各国驻穗总领馆沟通，并建立常态化日常联络机制，成立工作专班，及时回应非方关切，力争每日“清零”。外国记者表示，此次连线交流对获取第一手信息十分重要，愿同中方保持密切联系，通过报道及时反映真实情况。

5. 关注弱势群体与边缘议题，实现民心相通

疫情期间，有不少非政府组织以全球弱势群体为服务对象，关注一些边缘议题，从而促进社会整体福利，实现与海外民众的民心相通。

新冠疫情发生后，上海惠迪吉公益人心理关爱中心对2020年1月30日推出的24小时心理支持热线进行升级，将服务范围从全国扩大为全球。自3月11日起，惠迪吉24小时心理支持热线面向全球提供中文公益心理支持服务，43位心理咨询师志愿者24小时轮班值守，帮助全球各地求助者做好心理“防疫”，帮助广大海外华人走出心理困境。截至3月26日24时，热线接打总量1088个，完整关爱案例507个。除中国本土的求助者外，热线接收了来自韩国、美国、加拿大、澳大利亚、阿联酋等多个国家的求助电话。随着海外的新冠疫情暴发，旅居国外的广大华人群体因为疫情影响也承受着巨大的心理压力，渴望争取他人的同情和理解，消除恐慌和

焦虑情绪。上海惠迪吉公益人心理关爱中心关注到海外民众可能面临的心理压力和倾诉需求，结合组织原有的业务经验，开展精准服务，是专业化响应疫情的体现。

三、我国非政府组织在疫情期间支持公共外交的启示

首先，我国非政府组织注重发挥在抗疫物资输送与社会资源动员中的联络作用。在海外开展抗疫救援以及公共外交实践中，我国非政府组织离不开与当地企业、媒体、民间团体的联系，需要积极拓展当地的社会关系网络，从而方便开展救援活动。在此次疫情期间，多家非政府组织利用技术优势搭建了与海外官方、民众的沟通平台，促进医疗技术与知识的共享，同时积极动员社会资源参与到抗疫行动中，形成了抗疫的涟漪效应，有效补充了我国官方的医疗援助。

其次，在开展公共外交活动时构建良好的非政府组织形象，进而构建良好的中国国家形象，讲好中国故事。我国非政府组织在面对突如其来的疫情时，能做到组织有序、行动迅速、覆盖面广地进行医疗物资的援助，给海外民众留下了良好的形象，产生了正面的反馈。除此之外，我国一些非政府组织还能关注到疫情期间海外华侨和民众的心理问题这一领域，做出了积极的表率，有效促进了民心相通，实现了公共外交的效果。

最后，注重媒体在议程设置上的积极作用，扩大我国非政府组织的影响力。移动终端的普及和网络通讯技术的发展，可以将传统的线下公共外交转移到线上的数字化公共外交。在疫情期间，一些

非政府组织积极利用社交媒体发声，让世界各地的媒体和民众及时了解中国防控效果和全球疫情发展，建立了正向的议程设置。

我国非政府组织在应对此次全球公共卫生危机的过程中，表现突出，能够积极有效支持公共外交活动，促进了与海外民众的心理相通，加深了国际社会对中国的了解和认同，发挥了我国非政府组织在公共外交领域巨大的发展潜力。

参考文献：

1. 莱斯特·M. 萨拉蒙：《全球公民社会——非营利部门视界》，社会科学文献出版社，2007.
2. 赵黎青：《关于中国非政府组织建设的几个问题》，《江苏社会科学》，2000（4）.
3. 赵启正：《公共外交案例教学》，中国传媒大学出版社，2016.
4. 吕晓莉：《中国非政府组织的国际化路径研究》，《当代世界与社会主义》，2012（6）.
   刘贞晔：《非政府组织及其非传统外交效应》，《国际观察》，2012（5）.
5. 孙海泳：《境外非政府组织因素对中国外交的影响及其应对》，《国际展望》，2018（1）.
6. 《全球抗疫战正当时，慈善力量“走出去”——中国社会组织参与全球抗疫十大行动案例发布》，深圳公益学院，http://www.cgpi.org.cn/content/details56_9909.html
7. 凤凰卫视：《凤凰卫视、猛犸基金会、华大基因全球抗击新冠肺炎疫情公益行动签约》，搜狐网，https://www.sohu.com/a/382451413_516458.
8. 燕客卿：《中国红基会“抗疫国际人道援助基金”成立驰援受疫情影响较严重国家和地区》，善达网，http://www.shanda960.com/shandaguan/article/19726.
9. 《触达 149 国、服务超 260 万人，微医全球抗疫平台获 160 余家驻外使领馆推介》，新华网，http://www.xinhuanet.com
10. 绿色设计研究院：《中欧抗疫绿丝带行动丨意大利加油，中国民间组织正在号召积极提供帮助》，绿色设计研究院官方微信号。

三大央媒在疫情期间的视频化公共外交
——以 Youtube 平台为例

张泽君　中国人民大学

疫情期间，中国的各大主流媒体都积极运用线上渠道，在Youtube、推特等国外主流网站发布了疫情相关的视频。这些视频的形式所涵盖的范围较广，包括短视频、中长纪录片、电视连续剧等；在长度上跨度较大，从数十秒的短视频到一个小时以上的长视频均有涉及；在视频内容上，主要可分为疫情短新闻、疫情纪录片、疫情衍生电视剧等几个种类。其中，中国的三大央媒，即央视、新华社与人民日报发布的系列视频所引起的关注度较高。本文将分析三大央媒在 Youtube 这一主流视频平台上发布的视频情况与其公共外交的效果。

一、三大央媒在 Youtube 上发布的视频情况与播放数据

在 Youtube 上，三大央媒央视、新华社、人民日报的对应账号分别为 @CGTN、@News China TV、@People’s Daily, China。在

粉丝基础上，CGTN 拥有关注者 192 万，News China TV 粉丝数达 98.4 万，People's Daily 粉丝数为 14.5 万。在账号活跃度上，截至 2020 年 11 月 1 日，CGTN 已累计发布了 88841 个视频，而 News China TV 总视频数为 40835 个，People's Daily 在 Youtube 上累计发布了 5102 个视频。因此，三大央媒的粉丝基础和账号活跃度依次为 CGTN、News China TV 和 People's Daily。

（一）CGTN 的 Youtube 视频发布情况

截至 2020 年 11 月 1 日，通过过滤关键词"covid-19/coronavirus"，统计到 CGTN 共发布了 763 条与疫情相关的视频，其中播放最高的视频 The lockdown: One month in Wuhan（《武汉战疫纪》），其视频性质为一部时长为半小时的纪录片，共获得了 28582 条评论，在后文中将针对本片进行舆论情感、影像手法及外交的深入分析。本文中摘取这 763 条疫情相关的视频中，以播放量为基准的头部、腰部、尾部各 5% 的视频，共计 101 条，从而在整体上对 CGTN 的疫情相关视频进行总结和分析。

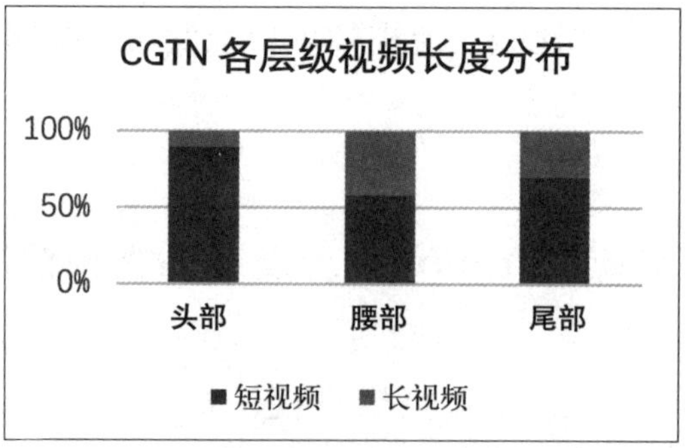

图表 1

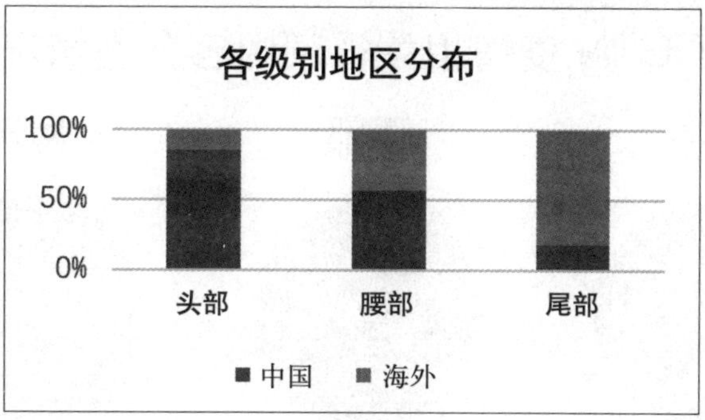

图表 2

依从国际上对于“短视频”的定义，将视频时长长于 5 分钟的定义为“长视频”，不长于 5 分钟的定义为“短视频”。如图表 1 所示，可见头部 5% 的视频中短视频的占比达到了 80% 以上，而腰部、尾部的视频中短视频的占比在 59%—65% 左右，可见即使是在 Youtube 这样以中长视频为基础的平台上，用户总体上仍然对短视频的兴趣更大。

通过统计视频中的抗疫主体，将抗疫主体分为中国 / 海外两个维度，可以看到，在 CGTN 的抗疫相关视频中，头部的视频中有关中国的部分显然占大多数，其比例超过了 80%，而腰部的视频中，与海外疫情相关的视频比例显然增大了，在尾部的视频中，绝大部分为海外相关的视频。综合看来，当海外观众在 CGTN 发布的频道观看视频时，更喜爱与中国相关的视频。

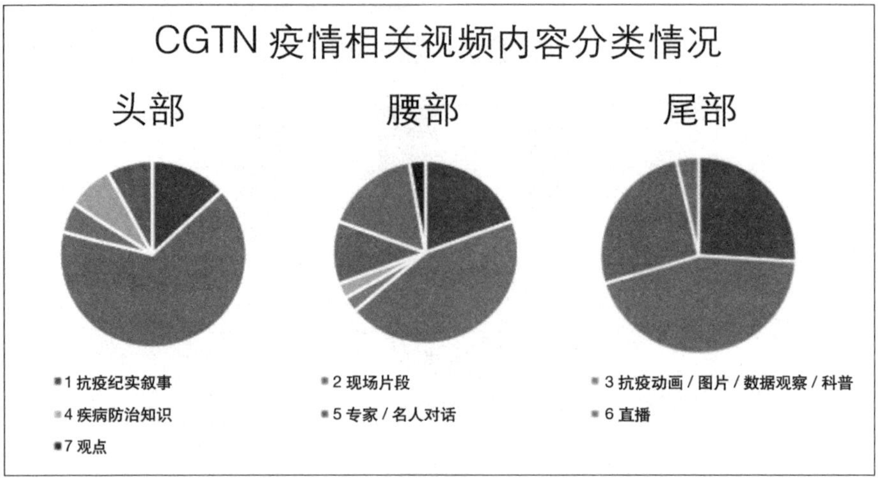

图表 3

以视频涉及的内容为标准，将这 101 条影片分为了七类。第一类为战疫纪事叙事，即有一定组合性、叙事性，且篇幅相对较长的视频；第二类为现场片段，即展示抗疫过程中的片段场景，叙事成分少，高度集中在一件事本身的片段；第三类为制作的抗疫相关的动画、数据短片；第四类为疫情相关防治知识科普；第五类为专家名人对话，即央视邀请名医、医疗专家进行对话；第六类为疫情相关直播；第七类为总结归纳央视对于疫情的某个方面的看法的视频。从 CGTN 的头部、腰部以及尾部的视频性质分布来看，首先可以看出，三个部分中，现场片段都是占最主要的部分，这说明 CGTN 在对于疫情的视频报道中，仍然以短视频、短新闻为主。其次，通过观察三个部分中每种视频所占比例的区别，可以看出疾病防治知识的占比逐渐下降，而专家对话的占比逐渐上升，可见 Youtube 中的受众对于疾病防治知识类的视频的兴趣度较高，而专家对话类的视频则缺少吸引力。

（二）News China TV 的视频发布情况

在本次疫情期间，新华社的 Youtube 账号 News China TV 所发布的疫情相关的视频共计 845 条，本文将这 845 条视频依据播放量排序，从播放量在头部、中部、尾部各选取了视频总量的 5% 的视频，并从视频的长度、主体、内容分类等三个方面进行数据分析。

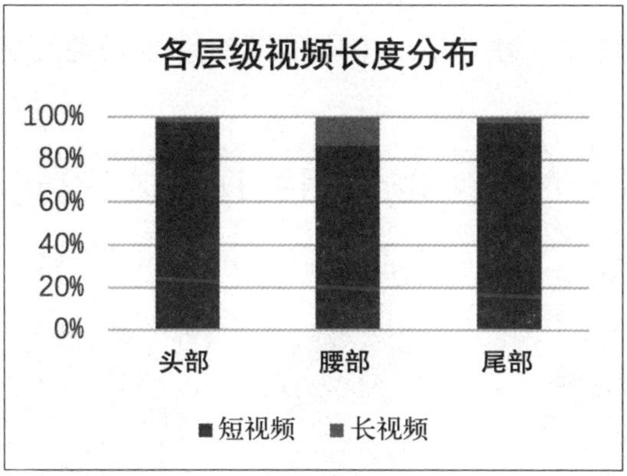

图表 4

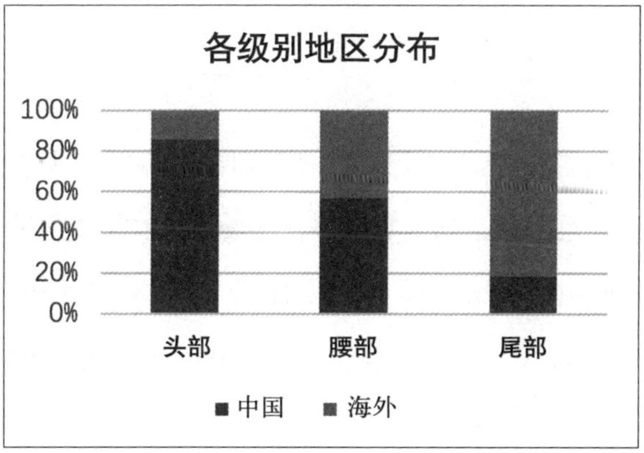

图表 5

从视频长度分布上看，新华社所发布的视频以短视频为主，而不同播放量中视频长度差别并不大。

从视频所涉及的疫情相关地区来看，新华社所发布的视频中，头部的稿件里与中国相关的视频占比高达 80% 以上；而在腰部视频中，短视频和长视频各占一半；而在尾部视频中，报道国外疫情的占了大多数，比例超过了 80%。可见，当 Youtube 的受众观看新华社所发布的视频时，对于报道中国疫情的整体兴趣度更高。

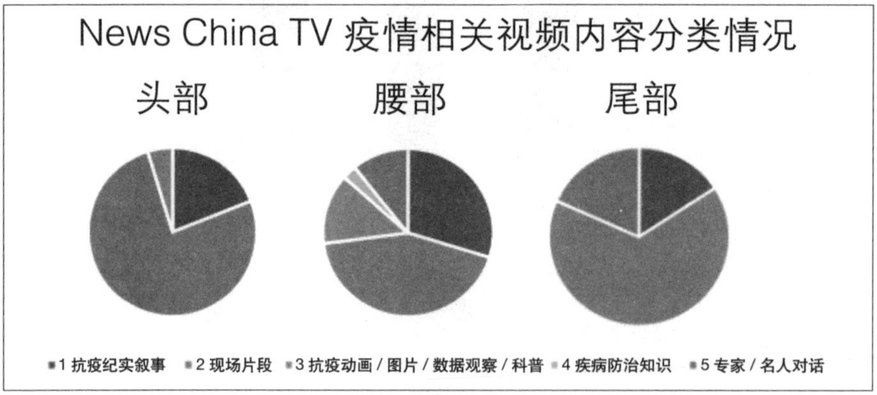

图表 6

从视频的内容分类来看，从头部到尾部的层次中，现场片段的占比逐渐降低；且在尾部的视频中，专家对话的占比较高。总体来看，新华社的视频内容受欢迎度呈现出与 CGTN 的视频一样的特点，即现场片段相对受欢迎，而专家对话的受欢迎程度较低。

（三）人民日报的 Youtube 视频发布情况

从视频长度分布来看，人民日报发布的视频几乎全部为短视频。

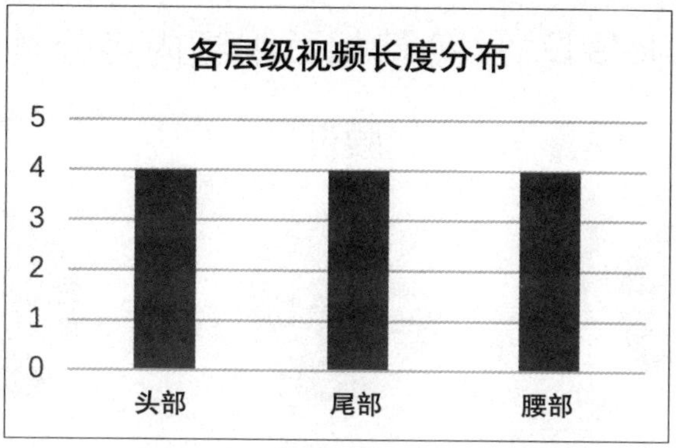

图表 7

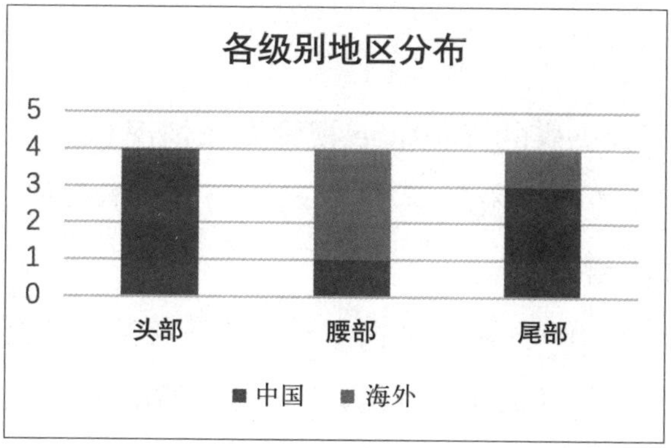

图表 8

从视频所涉及的疫情地区看，头部的视频清一色为中国疫情相关的视频，而腰部、尾部中既有中国的，也有海外疫情报道的相关视频。

从视频的主要内容来看，人民日报所发布的视频大部分都为现场片段的报道。

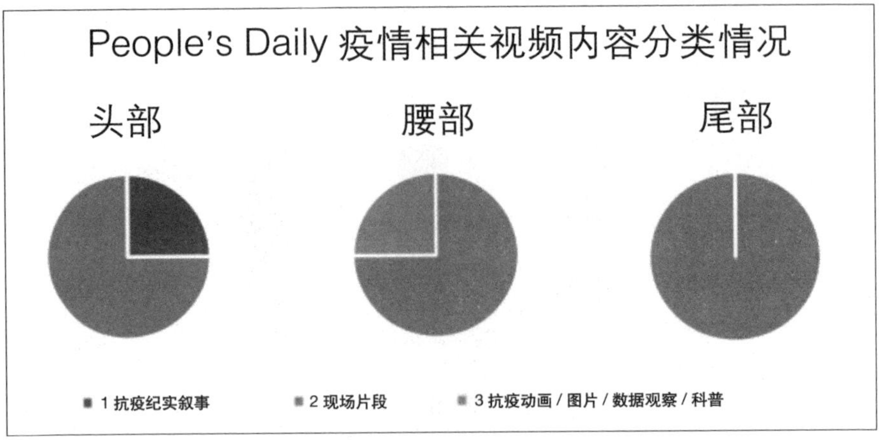

图表 9

（四）三大央媒的 Youtube 视频发布情况总结

1. CGTN 为视频化公共外交的主力军，News China TV 影响力也在快速增长

CGTN 的 Youtube 账号坐拥 164 万的粉丝数，并且其所发布的疫情相关的纪录片《武汉战疫纪》获得了 1778 万的播放量和 2.8 万条的评论，这是在疫情之前，中国央媒发布的 Youtube 视频中鲜能看到的传播效力。

而 News China TV 的影响力也在疫情中得到了快速的增长，新华社所发布的一个关于新冠疫情期间“护士妈妈”的两分钟的短视频，获得了 637 万的播放量。此外，新华社还制作了一个名为 Once Upon A Virus 的抗疫动画短片，以乐高积木的形式，不仅在 Youtube 上获得了 225 万的播放量，还将热度带到了推特，许多国外网民在推特上将该视频进行截图并发布了相关推文。

2. 疫情相关视频中短视频在数量、质量上都有压倒性优势

尽管 Youtube 这个渠道仍是以中长视频为主的视频平台，但在三家平台中，所抽取的视频总数中的短视频数量偏多于长视频数量。并且，从观看情况上看，往往头部短视频中，短视频的占比更高，而在腰部的视频中，短视频的占比逐渐降低，在尾部中，长视频的占比则明显增高了。究其原因，一方面是因为生活节奏的加快，整体上人们的空闲时间相对而言更少了。另一方面，随着 tiktok、likee 等各式各样的短视频平台的兴起，网民们的大脑已经习惯了这种高强度的、快节奏的、集中性强的感官刺激和信息输入的体验，这些短视频平台的发达实际上也在一定程度上改变了诸如 Youtube 这样的稍显传统、以及以中长视频为主的视频平台中的内容构成和内容消费。并且，现在的新闻生产也会随着时代而动，很多传统媒体，比如央视，无论是在本土的抖音、微博等平台，还是在海外的推特、Youtube 等渠道，也开始主打短视频为主的模式，以适应用户的视频观看习惯的变化。

3. 比起“他者”视角，国外群众对于中国疫情更感兴趣

在三大央媒所发布的疫情相关视频中，既有关注中国本土疫情的新闻报道，同时也有一些针对美国、欧洲以及其他地区的疫情报道。根据三大央媒的视频播放量来看，可以比较明显地看出，整体上而言，关注国内疫情的视频播放量高，而关注国外疫情的视频播放量则较低。可见，当国外网友从 CGTN、新华社等中国官方媒体的 Youtube 账号获取新闻信息时，他们对于中国媒体所报道的国内的相关新闻更加关注，而对于报道国外疫情的新闻，如美国疫情的最新进展、对于美国疫情的相关评论等，网友则更愿意从其他途径

获取，而不愿意看中国媒体以“他者”的视角所报道的内容。

4. 专家对话形式受欢迎度低，一手现场报道更受喜爱

在 CGTN、新华社、人民日报的 Youtube 账号的疫情相关视频统计中，可以比较明显地看出，专家对话类的视频基本位于媒体账号的疫情相关视频的尾部，普遍播放量较低。专家对话类视频的内容一般是邀请专家来到演播厅，或者与专家通过线上会议的方式见面，并对于疫情相关的话题，比如专家对于疫情的看法、疫情在某个地区的发展状态等展开一定的讨论。这一类的视频一般时长很长，普遍为半个小时以上，并且不像短视频一样、信息量高度集中，从画面角度上看，基本上从视频的开头到结尾，画面结构、整体布局都是不变的，而不像短视频一样，有着强烈的、变化的画面冲击。因此，这一类视频一般位于疫情相关视频的尾部，播放量普遍较低。而视频内容为一手现场报道的，往往位于账号所报道的相关视频的头部，这一类视频首先是在标题上就能大体概括出主要信息内容，如在新华社的 Youtube 账号中获得了 637 万播放量的视频 Coronavirus Fight: “Nurse Mothers” At Isolation Points，这个标题就直接告诉了观众这是和中国疫情中的护士妈妈们相关的，时长为两分钟，围绕主题集中、强烈地展开了内容。

二、三大央媒账号中的头部作品及其效果分析

本文以上文中的视频类型的分类为依据，分别在纪录片、现场片段视频类型中选取了央媒所发布的头部的、数据量较好的作品，并选取评论中点赞量最高的 50 条外国网友评论，对这些评论进行

情绪的分类和观点的整理。在情绪的分类上，共分为积极、中立、消极三个类别，以评论内容中对于中国（包括对中国疫情处理情况、中国政府、武汉人民等）的态度为划分尺度；在观点的整理上，将评论的主要观点分为赞美医护、抒发共情等。

（一）纪录片：吸引深度观众，讲述完整度较高的故事

在纪录片这个门类下，本文选取的是 CGTN 的 Youtube 账号所发布的《武汉战疫纪》（The Lockdown：One Month In Wuhan），这部纪录片的时长为 33 分 15 秒，在 Youtube 上获得了 1778 万的播放量。《武汉战疫纪》推出于 2020 年的 3 月份，当时的武汉疫情正处于一个全世界所共同关注的中心点。《武汉战疫纪》是第一部展现武汉前期、中期的抗疫历程的英文纪录片，其叙事时间段大概是 2 个月，从武汉零星开始出现新冠肺炎病人的 1 月底，一直追踪到了 3 月份。虽然在这部纪录片发行的时候，新冠疫情总体上还处于一个比较严峻的阶段，但是它总体所表达的仍是希望和爱，不仅仅是讲述武汉的抗疫故事，同时也是通过武汉的故事，把这种希望生生不息、团结一致就可以抗击疫情的价值观传达给了世界。

本文按照评论的点赞量进行排序，选取了《武汉战疫纪》视频下方的评论中前 50 条评论，并针对其进行分析。首先，在评论的情绪上，在 50 条评论中，有 86% 的评论都对于中国展露出了积极的情绪；有 14% 的评论对于中国展露出了中立的情绪，即评论内容是谈论疫情本身；在前 50 条评论中，没有看到抨击中国，或是以其他方式流露出对于中国的消极情绪的评论。

其次，在评论的主要内容中，主要可以分为共情、赞美医护等。

在对中国展现出积极情绪的43条评论中，占比较大的是对于中国政府、武汉政府、武汉人民的赞美，占比约25.6%，在这一部分中，有的是生活在中国的外国人留下的，表示纪录片所记录的是真实的情况，很骄傲可以在武汉这座城市生活；有的称赞了中国政府免费为每个人提供医疗的伟大；有的人赞扬中国的行为不仅仅是保护了自己，还是保护了世界。与之占比接近的是共情、鼓励为主的评论，这一类评论中所表达的观点一般为希望可以拯救一切、希望每一个国家都能平安度过这次疫情的思想。

还有，占比较大的评论主题为表达对于医护人员的钦佩与赞美，在积极的评论中占据了21%的比例。在这一部分中，评论大多将医护人员比喻为天使、战士，外国网友在评论中表达了对于医护人员的尊敬、感谢之情，并认为医护人员的伟大不分国界。

从这些评论中，我们可以看出，《武汉战疫纪》所引起的传播效果较好，这部纪录片还原了武汉抗疫真实的过程，用事实对西方的妖魔化描述进行了“打脸”。在最热的50条评论中，没有出现对于中国的消极的评论，绝大多数为积极评论，少量为中立的评论。且从评论的具体主题看，国外的受众通过这部纪录片，能够感受到共情的情绪，能认识到人类在疫情面前是一个命运共同体。

（二）现场片段：用最真实的片段引起外国网友的共鸣与共情

现场片段这个视频类别是三大央媒所发布的疫情相关视频中所占比重最大的类别，这一类视频往往时长很短，一般在3分钟内以内，视频的内容往往没有叙事的组织，而是放出现场片段，去讲述一个切面小的故事，比如疫情期间出生的一个婴儿的健康状态、武汉抗疫护士给予女儿一个隔空拥抱等，在影片中不谈前因后果，而仅仅是用一个小短片来报道切片化的故事本身。在这个类别中，本文所选取的具有代表性的影片是新华社所发布的《抗击疫情：隔离点的“护士妈妈”》（Coronavirus Fight: “Nurse Mothers” At Isolation Points），该片是新华社所发布的疫情相关的视频中播放量最高的，高达 637 万。本片主要讲述的是安庆的一位妈妈以及其他的家人都感染上了新冠疫情，在这样的背景下，安庆的几位护士轮流照顾这个妈妈的两个孩子的故事。

本文依据评论的热度排序，选取了热度最高的前 50 条评论，并对这些评论做态度与内容的分析。在评论态度上，有 16% 的评论呈现出了对于中国的积极态度，而 84% 的评论则是中立的态度，没有对中国本身表态，没有评论呈现出了对于中国的消极态度。

在评论的内容上，在对于中国持积极态度的评论中，其内容主题包括对于中国人民、中国政府、武汉的赞美。具体而言，有的外国观众表示从视频中可以看出中国人民是团结一致的，也有人表达了对于中国人这种坚强、坚韧性格的敬佩，还有的人表示武汉是一座了不起的城市，为它加油。而在对于中国持中立态度的评论中，包括抒发生命感慨、感谢医护人员、祈祷早日康复、希望世界团结等内容。有的外国网友抒发了对于生命的感慨，认为在疾病面前，展现的都是最为真实的人性；有的人为影片中患病的一家人祈祷，他们有着不同的信仰，却都在祈祷这一家人的安好，有的人说“阿拉”，有的人向“上帝”祷告；有的人感谢这些医护人员，认为他们是英雄和天使。

总的来说，这部影片通过展现了中国抗疫过程中一个温暖的切面，向国外网友展现了真实的中国抗疫故事，从评论的态度来看，没有消极的评论，绝大多数评论为中立态度，也有16%的评论直白地表达了对于中国的敬佩和赞美。

（二）三大央媒所发布的疫情相关视频的外交效果总结

1. 展现疫情下中国的真实状态

在疫情期间，三大央媒所发布的最多数量的视频就是以现场片段为主的短新闻报道，这一类视频往往最真实地展现了疫情之下中国抗疫的一个切面，从这些视频中，无论是医患关系、医生防护状态，还是中国对于疫情总体的严防死守，都可以让外国的网友真切地感受到，中国是在真心实意地为人民着想，这里没有闹剧，只有带着必胜的决心，和新冠病毒认真打的一场仗。正是这些大量的真实状态的展示，才能在外国网友面前呈现出一个真实的中国。

2. 以爱为主题，强调疫情下人类是一个命运共同体

无论是从视频的叙事内容中，还是从网友的评论反馈中，都可以发现，制作视频和看视频的人，都没有在意视频的主体是中国还是西方，没有将抗疫这一事情政治化，转变为国家之间的战争，而是站在人类本身的爱与暖的角度，简单地去看在疫情面前的生命与病毒的搏斗，以及医生与护士们为了病人奔波劳累的大爱。这一些情感都是超越了语言、人种、国别的边界，是所有的人类都可以体会到的。根据视频的评论，我们不难发现，在很多的民众眼里，人类在疫情之下是一个命运的共同体。

3. 还原现实，反驳美国的“中国病毒论”

对于美国的“中国病毒”的提法的反驳，在Once Upon A Virus

这段影片中表现得尤为明显。“中国病毒”是美国用来攻击中国、转移国内矛盾的常用论调之一，但是在 Once Upon A Virus 中，用时间线的方式明晰地告诉了观众，中国早在 1 月份的时候，就已经对世界提出过警告。从视频的评论中可以看出，最受支持的前 50 条评论没有支持“中国病毒论”的，因此该影片对于“中国病毒论”的驳斥无疑是成功的。

三、三大央媒的视频作品外交效果原因分析

在本次疫情期间，三大央媒都积极地在 Youtube 发布了疫情相关的视频，无论是在数量、播放量、评论数上，都达到了疫情之前的前所未有的高水平，通过视频下面的评论，我们可以看到正面、中立的评论态度是居多的，且通过这些视频的宣传，达到了一定程度上外交效果，起到了还原中国疫情事实的作用。这些外交效果的达成不是一蹴而就的，也不是出于随机的原因，本文中将结合模因论的理论，对于三大央媒的视频作品的外交效果作原因分析。

理查德·布罗迪认为，文化传播的过程中，有一些核心驱动力，能够推动文化因子的快速传播，而这些核心驱动力来自人类的最本能、且能够跨文化进行交流的情绪，布罗迪将其总结为四种情绪：愤怒、恐惧、饥饿和性欲。

这次疫情可以说将全世界都笼罩在一种恐惧的情绪中，病毒的狡猾、对于老年人的致命性都让人不寒而栗。并且，由于病毒相对于其他疾病的特殊性，其极强的传染性使得大家都必须待在家中，这种与平常并不一致的氛围，本身也是引发恐惧的因子。在这种恐

惧中，人们更加渴望看到疫情好转的例子，疫情好转的地方，对于人们来说，可能是未来的一线希望。在《武汉战疫纪》的评论区，有一位意大利网友评论道："这是我们封锁的第一天，难过。为意大利祷告吧。"可以看出，这种恐惧的心理能够促使人们不断地去阅读相关的事物，从而促进了疫情相关视频的传播。

（一）文化元素的拆分和重组，促使视频内容跨渠道传播

虽然 Youtube 是国外互联网中传播视频内容的主要阵地，但是无论是《武汉战疫纪》、还是三大央媒所发布的其他视频，都不仅仅是在 Youtube 这一个渠道进行传播，而是通过内容的重组、剪切，以适合其他平台和渠道传播的模式出现，其中最主要的渠道就是推特。推特是一个短内容平台，在这个平台上一般传播的是短文字、短视频、图片等样式。以《武汉战疫纪》为例，在推特上，也出现了多种传播该视频或者是相关视频内容片段的推文。

其中，比较常见的方式包括两种，一种是将链接转到推特等其他平台上，将推特的受众引流到 Youtube 的平台；另一种是将原片进行二次剪辑，比如在 33 分钟的纪录片中剪辑出一个 1 分多钟长度的、较有吸引力的片段，通过这种适应推特传播风格的对于原视频的再编辑，使得视频能够实现跨平台的传播。

（二）用传播力强的文化因子包裹传播力弱的文化因子

三大央媒所制作的疫情相关的视频，通过让外国受众的观看行为，能够将中国疫情的真实情况传递出去，并对于中国病毒论等带有偏见性质的论调进行驳斥。通过传播力强的文化因子来包

裹传播力弱的文化因子，从而实现对于传播力弱的文化因子的传播，在本次三大央媒所制作的疫情相关视频中，有很多地方都用到了这一方法。

以 Once Upon A Virus 这个视频为例，这个视频的形式是通过乐高模拟出中国和美国的形象，并用两个乐高小人对话的方式，再现了美国的一些行为，和证明了中国早在 1 月份就提醒过新冠病毒的可怕。在这个视频的例子里面，乐高这种形式就是一种传播力强的文化因子，通过这一形式吸引外国受众进入视频后，将我们所想要传达的对于“中国病毒论”等论调的驳斥在乐高的形式下表现出来。我们对于“中国病毒论”的澄清，对于外国受众来说是吸引力较低的因子，但当两种文化因子相结合，用传播力强的文化因子包裹了我们想要传达的观点，就能够顺利地使我们的观点被更多的外国民众所看到、所接受。

四、结语

三大央媒在疫情期间，累计上传了共1700个与疫情有关的视频，这些视频累计的观看量超过了 1 亿 7 千万次，其中仅传播最广的视频《武汉战疫纪》，就获得了 1700 万次以上的播放量，可以看出，这次视频外交的广度是较为广泛的。通过对于头部视频的评论抽样，我们可以看到，绝大多数的评论都对于中国持中立或积极的态度，而持中立态度的评论也能做到就事论事，没有对中国进行恶意的攻击，从这里可以看出，这次视频外交的效果也是比较正向的。而这次视频外交的成功，和这次疫情下人类所萌生的共同情绪、以及三大央媒所不断地优化视频形式和内容的努力，都是分不开的。无论是疫情前后，对外讲好中国故事，仍不是一件容易的事，但疫情期间视频外交优秀的数据和表现，会让我们相信，这条道路，是越来越有希望的。

参考资料：

1. News China TV-Coronavirus Fight: "Nurse Mothers" At Isolation Points
https://www.youtube.com/watch?v=QwIplXfjew4.
2. News China TV- Once Upon A Virus...
https://www.youtube.com/watch?v=Q5BZ09iNdvo.
3. CGTN-The Lockdown: One Month In Wuhan
https://www.youtube.com/watch?v=XU9FVqwO4TM.
4. 谭峰：《跨文化传播理论模式中的公共外交》，《公共外交季刊》，2013（4）.
5. 温朝霞：《跨文化传播视阈中的国家形象塑造》，《探索》，2009（3）.
6. 周翔，程晓璇：《参与无界：互联网模因的适应性与跨文化传播》，《学术研究》，2016（9）.
7. 傅福英，张小璐：《跨文化交流与传播中的文化模因探析》，《江西社会科学》，2012（11）.
8. [英]理查德·道金斯：《自私的基因》，卢允中等译，中信出版社，2012.
9. [英]苏珊·布莱克摩尔：《模因机器》，高申春、吴友军、许波译，吉林人民出版社，2001.

新冠疫情下中国企业的公共外交
——基于利益相关者理论的分析

杨　爽　中国人民大学

一、前言

在全球化时代，公共外交和政府外交构成了国家的整体外交[47]。参与公共外交的各方从各种角度向外国公众表达本国国情、说明本国政策、解释外国对本国的不解之处[48]。中国公共外交的倡导者赵启正将公共外交的行为主体从政府扩大到民间组织、社会团体、社会精英和广大公众等多个层面。其中，企业作为资本、知识、技术和人才高度密集的社会组织，是经济全球化背景下国际经济、文化交流中重要的公共外交承担者[49]。

然而，近年来，中国企业在向国际说明自己、向世界讲述中国

47 赵启正：《公共外交与跨文化交流》，中国人民大学出版社，2011.
48 赵启正：《公共外交与跨文化交流》，中国人民大学出版社，2011.
49 赵启正主编：《跨国经营公共外交十讲》，新世界出版社，2014.

故事的过程中，也面临着来自国际社会的诸多挑战。本文将经济学、管理学中的利益相关者理论引入公共外交这一领域，通过对新冠疫情下中国企业与市场、非市场利益相关者以及治理关系相关者之间的关系与行为进行分析，为中国企业如何通过开展公共外交来缓和国际危机、参与全球治理提供新的视角与思路。

二、研究对象和方法

本文的研究对象为新冠疫情下中国企业的公共外交。从中西方媒体报道和企业自身的宣传来看，中国企业在新冠疫情期间的确针对全球范围内的利益相关者进行了大量公共外交行为，这为本文的研究提供了案例支撑和可行性保障。

在研究方法上，本文主要采取案例分析法，所选用的案例主要来自中西方的媒体报道、人物访谈和企业自身公开的数据等。由于客观条件的限制，本文难以在短时间内通过直接与企业家进行深度访谈来获取第一手资料，但通过筛选出具有权威性且内容客观详尽的媒体报道、人物访谈等文本资料，为后续结合理论展开分析提供了较为坚实的案例支撑。

在理论框架上，本文引入利益相关者理论。利益相关者这个概念最早于 1963 年由斯坦福研究所提出，随后经过弗里曼、布莱尔、克拉克森、米切尔等众多学者的共同努力，形成了比较完善的理论框架[50]。利益相关者理论有别于传统的股东至上主义，该理论主张

50 刘学平，孙燕青：《近30年企业社会责任研究的三大视角述评》，《广东行政学院学报》，2014 (26).

任何一个公司的发展都离不开各种利益相关者，即“那些能够影响企业目标实现，或者能够被企业实现目标的过程影响的任何个人和群体”。在利益相关者理论中，利益相关者的认定，即谁是企业的利益相关者这一问题居于核心。弗里曼从所有权、经济依赖性和社会利益三个不同的维度对利益相关者进行了开创性的分类；弗雷德里克则将利益相关者分成了直接利益相关者和间接利益相关者；查克汉姆按照相关群体与企业是否存在交易性的合同关系，将利益相关者分为契约型利益相关者和公众型的利益相关者[51]。本文将借鉴柯银斌对利益相关者的认定[52]，将中国企业的利益相关者划分为市场利益相关者、非市场利益相关者和治理关系相关者进行分析。通过将新冠疫情期间企业的利益相关者分为以国际客户为代表的市场利益相关者，以他国政府、非政府组织及公众为代表的非市场利益相关者，以及以国际组织为代表的治理关系相关者，对企业在全球范围内的公共外交行为进行分析。

三、新冠疫情下中国企业的公共外交

面对新冠疫情这场全球范围内的危机，中国企业分别针对以国际客户为代表的市场利益相关者，以他国政府、非政府组织及公众

51 陈宏辉，贾生华：《企业利益相关者三维分类的实证分析》，《经济研究》2004 (4).

52 柯银斌：《高质量推进“一带一路” 构建全球商业共同体》，《大陆桥视野》2019年 (6).

为代表的非市场利益相关者，以及以国际组织为代表的治理关系相关者，开展了不同的公共外交行为，在一定程度上缓和了疫情危机，同时也深度参与到了全球治理之中。

（一）市场利益相关者

新冠疫情下中国疫情前期的汹涌之势和企业的艰难处境，一度让全球供应链陷入“断裂”的危机。面对这一危机，如何保障国际市场的供应、缓解疫情下日益紧张的市场关系，是中国企业必须要解决的问题。

对此，中国企业主要通过以下两方面的努力来缓和危机：1. 与外部市场利益相关者之间的交易和合作行为，具体体现在疫情前期加大供应力度，满足国外市场的需求；2. 调整内部利益相关者之间的管理行为，具体体现在疫情后期积极复工复产、恢复内部生产。

在疫情初期，中国企业主要通过第一时间投入生产乃至转产来加大医疗物资的供应力度，满足国际市场需求。北京谊安医疗公司自 2020 年 1 月下旬就日夜不停地生产抗疫所需物资，在满足国内需求后，其生产线又开足马力完成海外的呼吸机订单。比亚迪集团自疫情爆发初期就迅速转产口罩，疫情期间口罩日产能超 1500 万只，成为全球最大的口罩制造商之一，在满足国内需求之外，还出口到全球多个国家和地区，支援当地的疫情防控工作[53]。迪尚集团则连夜转产服装生产线，配置医用防护服生产设备，既及时满足国内需

53 中国日报：《外媒：中国制造为全球抗疫贡献中国力量》，2020年5月8日，http://cn.chinadaily.com.cn/a/202003/27/WS5e7d5f54a3107bb6b57a90ae.html.

要，又对接国外市场，助力全球共同抗击疫情。[54]

在疫情后期，中国企业则通过积极、有序复产复工，迅速恢复其他产品的供应链。中国电子旗下冠捷显示科技（武汉）有限公司作为飞利浦、AOC 等品牌的显示器制造商，2 月初面对突如其来的疫情，来自欧洲、美洲、国内的订单积压了约 80 万台。为避免部分终端用户需求受损、全球供应链中部分企业无业务可接、无工可开，该公司积极复产复工，自 3 月 27 日其逐步恢复产量，4 月 15 日起企业一线生产工人全部到位，冲刺完成 80 万台积压订单。此外，中国也通过远程验收、远程调试来克服复工复产中的困难。3 月底，远在美国和墨西哥的用户顺利验收了济南二机床压力机及自动化公司出口的 2500 吨拉伸压力机。利用 5G+ 工业互联网自主研发的网络平台，客户能看到设备的详细图纸和参数，从而保障了在全球产业链中有重要影响的龙头企业和关键环节平稳生产。[55]

通过在疫情初期第一时间投入生产乃至转产来加大医疗物资的供应力度，中国企业做到了兼顾国内国外市场需求；而通过在疫情后期积极有序复工复产，迅速恢复其他产品供应，中国企业也在维护全球供应链稳定上发挥了自身的力量，树立起兼具责任感与信誉的国际形象，也展现了企业外交的巨大潜力。

---

54 中新网：《中国企业“逆行”：提速复工稳定全球供应链》，2020年4月7日，http://www.chinanews.com/cj/2020/04-07/9150140.shtml.

55 中新网：《中国企业“逆行”：提速复工稳定全球供应链》http://www.chinanews.com/cj/2020/04-07/9150140.shtml.

（二）非市场利益关系者

新冠疫情下，中国企业承担起了维护自身乃至所代表的国家的形象这一重任，而在此之中，如何增进疫情下以他国政府、非政府组织及公众为代表的非市场利益相关者对中国的理解和共情，也是中国企业需要面对的问题。

中国企业主要通过以下两方面的努力来缓和危机：1. 公益行为，主要体现在对外援助，以捐赠物资的方式承担国际责任；2. 传播行为，主要体现在捐赠物资的同时进行文化上的交流和共情，增强国际理解。

首先，中国在对外援助中承担国际责任。以在此次疫情中表现较为突出的阿里巴巴为例，自疫情发生以来，其便开始积极向全球范围内的国家和地区积极捐献抗疫物资。截止目前，阿里巴巴已经向全球 150 多个国家和地区捐赠总计 1 亿余件物资，搭建覆盖 233 个国家和地区的全球新冠肺炎实战共享平台。此外，恒大集团也与中国红十字会合作成立了国际抗疫援助基金，从而支持中国红十字会更好地完成采购受援国急需的医疗物资、防护物资，采集恢复期血浆、购置抑制细胞因子风暴药物，以及派出国际援助医疗队的后勤保障等国际援助工作[56]。

其次，中国企业也在文化共情中增进国际理解。上海复星公益基金会联合多家中国民营企业向意大利捐赠 4.55 万件医疗防护物资

56 楚天都市报：《恒大再捐1亿 支持红会开展国际抗疫援助 驰援国际抗疫！》，2020年3月23日，hhttps://baijiahao.baidu.com/s?id=1661935951118154535&wfr=spider&for=pc.

时，包装箱上印着一句中国明代文学家李日华赠意大利传教士利玛窦的诗——“云海荡朝日，春色任天涯”，以此表达对意大利人的祝福[57]。中国科技公司小米向意大利政府捐赠了数万只口罩时，在捐助物资的外包装箱上贴上了中意两国国旗，并用意大利语和英语写上了古罗马哲学家塞涅卡的名言：“我们是同一片大海的海浪，同一棵树上的树叶，同一座花园里的花朵”[58]。建立一种与他者共在的理念，并努力发展共情的关爱，如此方有利于增强国际理解。

通过对外援助医疗物资活或成立国际抗疫基金，中国企业驰援国际“抗疫”斗争，承担了国际责任；而通过在物资捐赠中加入文化共情的元素，传递到的不仅是物资，更是来自中国的善意，这在无形中增进了国际理解，也在一定程度上促进了民心相通与文化共情，起到了较好的公共外交效果。

（三）治理关系相关者

新冠疫情这场突如其来的危机也使全球卫生治理一度陷入了困境。对此，中国始终捍卫多边主义的理念和原则，维护联合国的地位和权威，在前期向世卫组织捐款 2000 万美元现汇基础上，后又增加 3000 万美元现汇捐款[59]。中国企业也追随着政府的脚步，通过

57 中国日报：《外媒：中国制造为全球抗疫贡献中国力量》，2020年3月27日，http://cn.chinadaily.com.cn/a/202003/27/WS5e7d5f54a3107bb6b57a90ae.html.

58 中国日报：《外媒：中国制造为全球抗疫贡献中国力量》，2020年3月27日，http://cn.chinadaily.com.cn/a/202003/27/WS5e7d5f54a3107bb6b57a90ae.html.

59 新华网：《中方决定向世卫组织增加3000万美元现汇捐款》，2020年4月23日，http://www.xinhuanet.com/world/2020-04/23/c_1125897152.htm.

支援发展中国家和国际组织，在企业层面树立起负责任的国际形象。

具体而言，中国企业主要做出了以下两方面的努力：1. 直接向发展中国家提供技术支撑；2. 通过支援国际组织，间接参与全球卫生治理。

一方面，中国企业直接向发展中国家提供技术支撑。以华为为例，2020 年 3 月 26 日，华为向孟加拉国卫生和家庭福利部、疾控中心和医院捐赠远程视频会议系统和 AI 解决方案，以提高孟加拉国的防疫和筛查效率，降低医护人员感染风险；同日，向赞比亚政府捐赠了一套高精度热成像体温检测设备，该设备将安装于人流量较大的公共场所，进行实时无接触智能体温检测；此外，基于华为云技术的远程视频会议和融合通信系统 25 日已在伊拉克卫生部、中央公共卫生实验室等 5 个站点安装部署完毕，该系统将有助于伊拉克卫生系统指挥沟通、远程科学部署新冠肺炎疫情防控。对此，孟加拉国卫生和家庭福利部长扎希德·马利克、赞比亚卫生部长奇塔卢·奇卢菲亚、伊拉克卫生部长贾法尔·阿拉维等多国均对华为提供的支持和帮助表示感谢，并称希望未来和华为公司有更多的合作。[60]

另一方面，中国企业也通过支援国际组织，间接参与全球卫生治理。3 月 23 日，中国电动车企业台铃集团紧急筹备的 10 万只医用口罩等抗疫物资正式从东莞发出，该批物资将由联合国环境规划署统一调配，由世界卫生组织发往菲律宾、泰国、肯尼亚等国家，

60 新华网：《华为支持发展中国家抗击新冠肺炎疫情》，2020年3月27日，http://www.xinhuanet.com/2020-03/27/c_1125776729.htm.

以缓解当地医疗防护力量薄弱、医疗物资严重短缺的问题[61]。4月9日，爱尔眼科携手湖南爱眼公益基金会向世卫组织西太平洋区域办事处捐赠50000个外科口罩、1200个FFP3口罩、1800副护目镜，抵达后将由WHO再捐赠给当地防疫的一线医疗人员使用，助力当地抗击疫情[62]。4月21日，马云公益基金会向世卫组织捐赠1亿个医用口罩、100万个N95口罩和100万份核酸检测试剂，以支持世卫组织在全世界的抗疫工作[63]。

四、结语

本文将新冠疫情下中国企业的利益相关者分为以国际客户为代表的市场利益相关者，以他国政府、非政府组织及公众为代表的非市场利益相关者，以及以国际组织为代表的治理关系相关者，并在此基础上通过分析中国企业针对不同利益相关者的行为，试图呈现新冠疫情下中国企业的公共外交全貌。

在市场利益相关者方面，中国企业在疫情初期第一时间投入生产乃至转产来加大医疗物资的供应力度，在疫情后期积极有序复工复产，迅速恢复其他产品供应，维护全球供应链稳定，既兼顾国内

61 潇湘晨报：《特朗普断供，中国企业力挺》，2020年4月24日，https://baijiahao.baidu.com/s?id=1664826723516042886&wfr=spider&for=pc.

62 人民政协网：《WHO获赠中国企业医疗物资，助力全球抗疫》，2020年4月13日，http://www.rmzxb.com.cn/c/2020-04-13/2554640.shtml.

63 新浪财经：《马云公益基金会：向世卫组织捐赠1亿医用口罩100万份核酸试剂》，2020年4月21日，https://finance.sina.cn/china/gncj/2020-04-21/detail-iircuyvh8969699.d.html?vt=4&wm=12028044804.

国外市场需求，也树立起兼具责任感与信誉的国际形象；在非市场利益相关者方面，中国企业一方面通过对外援助医疗物资，承担国际责任，另一方面也注重在物资捐赠中加入文化共情的元素，增进国际理解；在治理关系相关者方面，新冠疫情期间，中国企业通过直接和间接的方式向部分发展中国家、国际组织捐赠所需物资，帮助公共卫生体系薄弱的中小国家筑牢应对疫情的防线。

面对突如其来的严重疫情，中国同世界各国携手合作、共克时艰，中国企业也通过公共外交行为为全球抗疫贡献了智慧和力量。正如习近平总书记在全国抗击新冠肺炎疫情表彰大会上的讲话中指出的那样，“抗疫斗争伟大实践再次证明，构建人类命运共同体所具有的广泛感召力，是应对人类共同挑战、建设更加繁荣美好世界的人间正道。新冠肺炎疫情以一种特殊形式告诫世人，人类是荣辱与共的命运共同体，重大危机面前没有任何一个国家可以独善其身，团结合作才是人间正道”[64]。面对当前海外疫情的蔓延和复杂多变的国际形势，中国企业外交在与各个利益相关者的交往中仍面临诸多需要解决的问题，而在推动人类命运共同体的建设上，中国企业也需要付出更多的努力，未来可谓任重而道远。

64 中共中央党校：《习近平：在全国抗击新冠肺炎疫情表彰大会上的讲话》，2020年9月10日，https://www.ccps.gov.cn/xxsxk/zyls/202009/t20200911_143334.shtml.